加納土

沈没家族

子育て、無限大。

筑摩書房

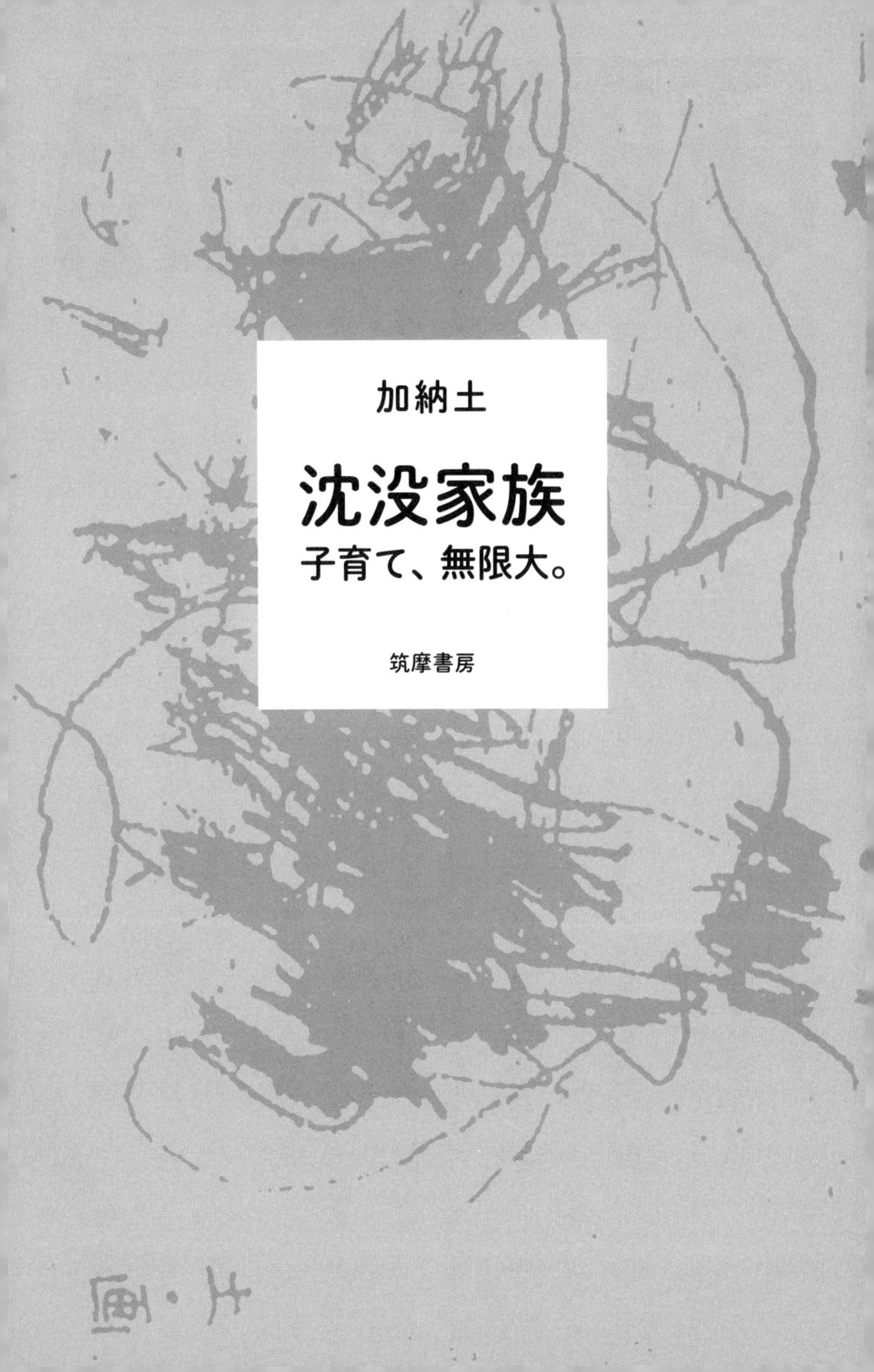

加納土

沈没家族

子育て、無限大。

筑摩書房

沈没家族

はじめに　一五年ぶりの答えあわせ

僕は、名前も顔も覚えていないたくさんの大人に囲まれて育った。二〇年前の東京・東中野での暮らしは、記憶の彼方にあった。大人になった僕は、映画の撮影をきっかけに、「沈没家族」の当時の保育人たちに出会いなおしていった。

一九九四年五月三日に僕は生まれた。母親と父親の三人で鎌倉に住んでいたが、生後八カ月になって、母親の加納穂子《かのうほこ》さんが僕だけを連れて東中野に移り住んだ。穂子さんは、当時二二歳。日中働いて、夜間は写真の専門学校に通った。

赤子と二人きりになったとき、穂子さんは、自分一人で育てることも、新しいパートナーと一緒に育てることも、実家に帰ることもしなかった。

穂子さんは、一枚のチラシを撒いた。

あなたも、一緒に子育てしませんか？

息子を共同保育してくれる人の募集だった。

実際このチラシをみて来たひとはそう多くなかった。最初に集まってきたのは「知り合いの知り合い」くらいの範囲のひとたちだった。お花見に友だちを呼んだらどんどんひとが集まってくるような感じで、「保育人」は増えていった。

穂子さんが家にいないとき、保育人たちはシフトを組んで僕の面倒をみてくれた。食事とビールくらいは出すけど、お金は払っていない。

その後、共同保育は共同生活へ移る。穂子さんと僕、そして二組の母子と数人の若者で、三階建てのアパートを借り切った。それからも、穂子さんがいないときは、ほかの子どもの母親や、家に遊びに来たひとが子どもの遊び相手になっていた。

穂子さんがチラシを撒いたことからはじまったこの共同保育の形を、本人たちは「沈没家族」と名付けた。

不思議な名前には理由がある。街で見かけたチラシに「男が働きに出て、女は家を守るという価値観が薄れている。離婚をする夫婦も増えて、家族の絆が弱まっている。このままだと日本は沈没する」ということが書いてあった。それに腹を立てた大人たちが、それならわたしたちは沈没家族だと笑い飛ばしたことがそのはじまりだ。

沈没家族を初めて知ったひとは、？が頭にいっぱい浮かんだはずだ。育てられた側であり、いちばんの当事者だった僕も、ほとんど何も知らなかった。

沈没家族に集まっていた大人たちは、その日の僕の様子や、はじめての子育て経験で感じたことを保育ノートにつけていた。

土君はかなり「いいやつ」になりそうな気がする。僕とは気が合う。とても気に入っている。よくしてやりたいと思う。

土は大きくなったら自転車に乗ってビールを買ってきてくれるそうだ。めぐは穂子くんに泡盛を買ってきてくれるそうだ。いい奴らだ。

今日初めて土に名前を呼んでもらえた（気がする）、超ウレシかった。

大学生になって、初めてこのノートを読んだ。苦笑いしかできなかった。自転車に乗ってビールを買いに行く約束をしたことも忘れていたし、そもそもそれを書いた人が誰かも分からなかった。

「土」という赤ん坊は、どこか遠い世界に住んでいるみたいだった。僕はそれがいやだった。沈没家族で育ったことで、いまの自分にどんな影響があったのか？　ひとつひとつ答えあわせしたくなった。

僕は、大学の卒業制作で映画をつくることにした。カメラを持っていけば、恥ずかしがらずに会えると思った。

一五年ぶりに会う、僕を保育してくれたひとたち。僕と同じく、子どもの立場で沈没家族にいた子どもたち。そして母親の穂子さん。一歳からいままで、沈没家族とはちがう場所で会い続けていた父親の山くん。たくさんのひとに会いに行った。

完成した映画『沈没家族』は、「ぴあフィルムフェスティバル（PFF）」をきっかけに、多くの人に知られることになった。ネットメディアや新聞、テレビでも、「新しい家族のカタチ」として沈没家族は紹介された。九〇年代後半の実践が「新しい家族のカタチ」と言われるのは、妙な感じだった。ただ、当時「家族は沈没してしまう」と言った政治家と同じようなメンタリティがいまでも続いているとしたら、たしかに「新しい」のかもしれない。

自民党の憲法改正草案第二四条には、「家族は、互いに助け合わなければならない。」

という一文が入っている。婚姻関係や血縁関係にもとづいた「家族」だけで、育児や介護は行われるべきだということだ。こういう考えと、沈没家族は真逆だった。だからこそいま、僕の予想よりも多くの人に興味を持ってもらえたのだろう。

ＰＦＦから二年後、沈没家族がうごめいていた東中野の映画館・ポレポレ東中野を皮切りに、映画が全国で公開された。二〇年前に穂子さんが、保育人に僕を託して映画を観に行ったのも、この映画館だった。

自分にとっては当たり前の「沈没家族」を、多くのひとが観に来るのはなんだか不思議だった。

「自分は核家族のなかで育ったから、こんな環境があったらよかった」

「近所のおばちゃんがみてくれたから近いものを感じた」

「自分も父親とあんな感じの関係だ」

「自分も子育て中で、沈没家族をやってみたくなる」

日常の中で、自分の家族や育ってきた環境の話をすることはなかなかないかもしれない。でも、映画を観に来たお客さんは、自分の話をしたくなっていた。

この映画は、自分を育ててくれた大人に「会いたい」から始まった。それが、多くのひとにとって家族を話すきっかけになっていることが、とてもとても嬉しかった。

劇場のロビーで、たくさんのお客さんが自分の家族の話をしてくれた。それを聞いていて僕は、自分の家族の話をもう一度したくなった。映画を公開してからも、自分が知らなかったこと、考えたこともなかったことがたくさんあった。

＊

公開の期間中、僕はほぼ毎日総武線に乗ってポレポレ東中野に行き、上映後すべての回で舞台挨拶をした。お客さんとの一二回の出会いは、とても幸せなものだった。だけど、映画館に来るのが難しいひともいることがわかった。子どもがいるから、行きたいけど難しいという声をたくさん聞いた。一番観てほしいひとにそういわれるのは、とても歯がゆかった。

映画は僕の「会いたい」から始まったものだったけど、この本はちがう。子育てに苦労しているひとに読んでほしい。この世界にはこんな子育てがあって、そこで育った僕はこんなことを考えている。特殊な環境で育った僕だから書けることが、きっとあるはずだ。

いまの生活のなかに子どもがいないひとにも読んでほしい。沈没家族に集まった大人たちのほとんどは、子育ての経験がなかった。そんな大人たちの感じた葛藤や喜びの記録は、子育てについて考えるヒントになると思う。子どもという存在を、もっと身近に感じられるようになるかもしれない。

穂子さんは、映画を公開したあとにこんなことを話していた。

でも自分が共同保育のヒントとかに出会ったのも、過去にそれをした人たちが外に向けて共同保育の記録を出してくれたからだしね。だから沈没をみてここからヒントを得られる人がいるならそれはいいことだよねと最近思い始めた。

僕の人生は、この世界でたくさんの子どもが生きたうちの、ほんのひとつの例に過ぎない。でも、こういうふうに育った子どももいる。僕が言うのもどうかと思うけど、だれかがそばにいてくれたら、子どもはだいたいちゃんと育つのだ。

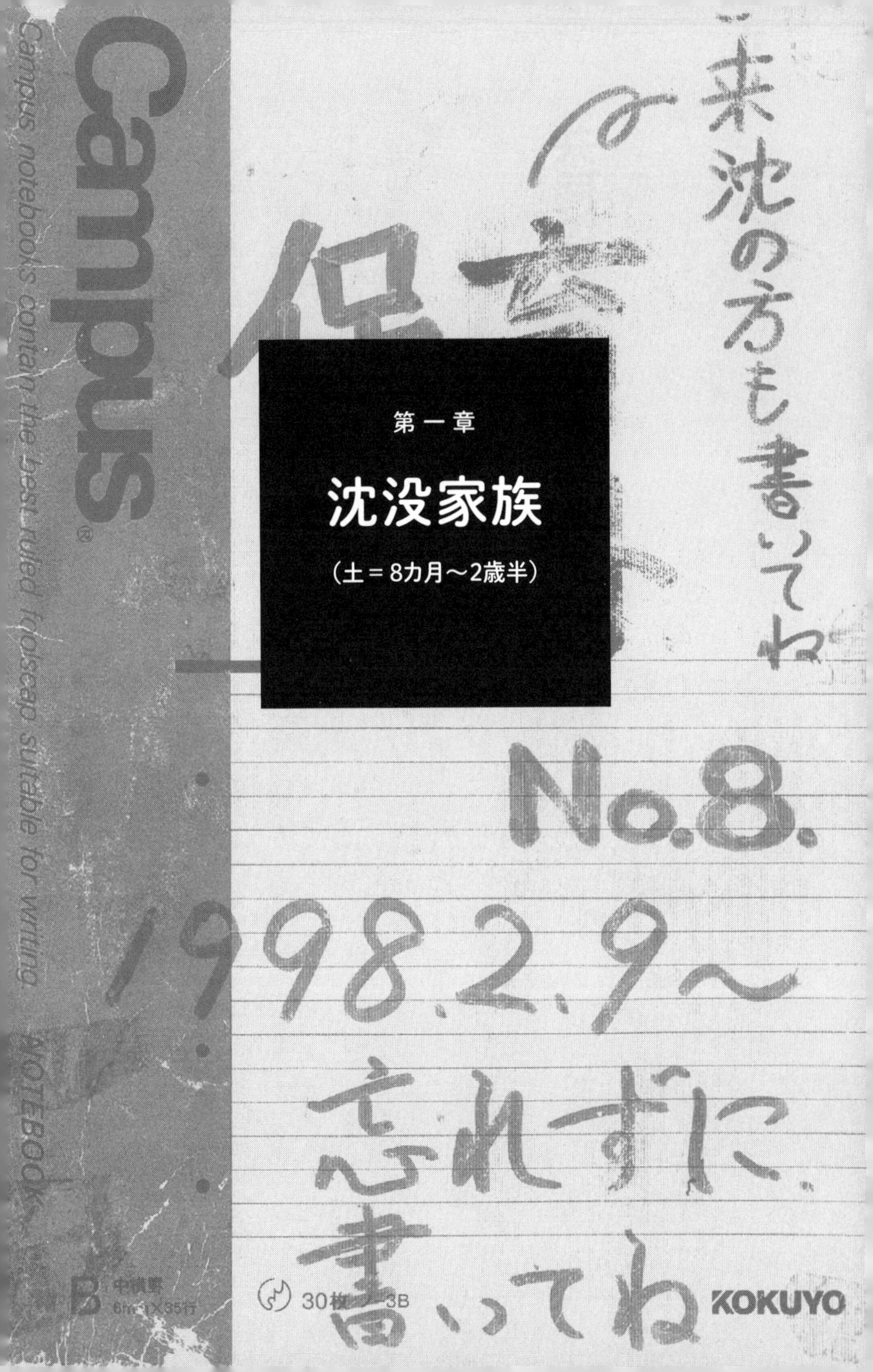
Campus
Campus notebooks contain the best ruled foolscap suitable for writing
No.8.
1998.2.9～
忘れずに書いてね
30枚
KOKUYO

第一章

沈没家族

（土＝8カ月～2歳半）

東中野での僕と穂子さんのアパート暮らし。生活がはじまったとき、穂子さんは二二歳で、僕は生後一年にも満たなかった。写真の専門学校に通うかたわら、穂子さんは水道の検針員の仕事をはじめていた。

当時の月収は一四万ほど。児童扶養手当と新宿区からの手当を合わせて約五万円。それを足しても、経済的にはかなり厳しい。

穂子さんは、チラシをつくって撒いた。僕の名前、生年月日、好きなこと、顔写真を載せたチラシを東中野の駅前で配ったり、電柱に貼ったりした。

共同保育の宣言

保育人募集のチラシには、穂子さんの「思想」がはっきりと打ち出されていた。

（共同？）保育参加者募集中

私は、土に会いたいから土を産んだのです。ハウスにとじこもってファミリーを想い、他者との交流のない生活でコドモを（自分も）見失うのは、まっぴらゴメンです。共同保育の共同って一体なんだろう。それはどこまで可能なんだろう。コドモとオトナ、女と男、母親に対する社会のまなざし、などなどコドモとつきあうことで考えさせられることはいろいろあります。

世間からのまなざしや自分の困っている現状について書くのではなく、「私は、土に会いたいから土を産んだのです」と宣言するあたりがすごい。自分のやりたいことをできないと、土と「会うことができない」という強い意志を感じる。

子どもを自分ひとりで、愛情を持って守ることによって、子どもと親密な関係を築いていくという考えではなく、離れる時間があるからこそ会えると穂子さんは思っていた。自分の意志を高らかに示した穂子さんのチラシから、そんなしなやかさを感じる。

恋人同士の関係に置き換えてもそうかもしれない。僕も四六時中好きな人と一緒にいたいとは思わない。離れる時間があるからこそ、もう一度恋い焦がれて会いたいという思いになる。ただ実際には、チラシを受け取ってアパートに来た人は、ほとんどいなかったそうだ。

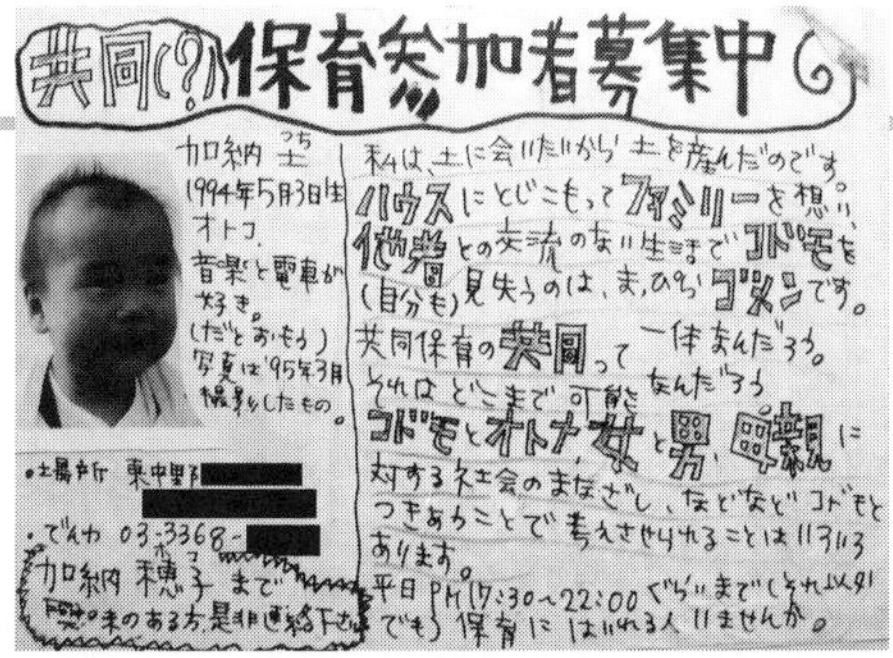

穂子さんの撒いたチラシ。カバーにも使った

やっぱり、穂子さんだから沈没家族をはじめることができたのだろうか。映画の撮影中、沈没家族に来ていた大人たちはみな口を揃えて「穂子ちゃんはカリスマで、やっぱりあの魅力があったから沈没に行ったってのはあるよね」と話していた。「穂子ちゃんは、ほんとモテてたよ」と話す人もいた。おれに言われてもなんて返せばいいんだ、と思った。

穂子さんがいるから？

ぺぺさんは、映画『沈没家族 劇場版』の公開の際につくったパンフレットに、「未来に向けた生活」という文章を寄せてくれた。そのなかでぺぺさんは、こんなことを書いている。

それは、繰り返し話されたことでもあるだろうし、これからもそうなるかもしれないことで。加納穂子さんのことです、という語り方を回避した方がよいのだろうか？ではないかという。自分自身、映画を観て、「やっぱ加納さんおもしれえなあ」とか思うので、ムズイんですけど。加納さんが面白いのを否定するとかそういうのでなく、人が集まってきた過程の面白さ、大切さに話の軸を置いて、その中に語り

手が自らの姿を重ねたり、違いを説明したり、そういう中で出てくる話に自分は一番興味があります。

スライドショーで当時の写真を見ても、写っているのが誰か分からない。穂子さんも「君を抱いている人が誰なのか分からない」と笑っていた。あの、人が人を呼ぶダイナミズムのようなものは、僕は小さかったからよく覚えていない。

穂子さんはまず、子育てに興味がありそう、おもしろがってくれそうな友人に、自分がいないあいだの子守りを託した。集まってきたひとたちをつなげる役割も担うようになる。

保育ノートをつくって、そこでおたがいに自己紹介できるようにしたり、どういう思いで沈没家族に来たのか書けるようにした。ノートだけでなく、恒例となっていたカレーパーティーをしたりして、穂子さんは横のつながりをつくっていった。

僕も経験があるが、子どもがいる空間はそこにいる大人たちの緊張がゆるくなる。土の一挙手一投足を酒の肴にしたら、距離が縮まるのも早かったと思う。

「沈没家族」という名のフリーペーパーも、たくさん残っている。インターネットも普及していなかった時代、手書きの字にたくさんのイラストが添えられている。

ぺぺさんはパンフレットの解説に、「友達の友達の友達くらいの範囲だったと思う」と書いていた。対面する状況で「おもしろそう」が「おもしろそう」を呼んだのは、あの場の力がすごく大きかったのだと思う。

保育ノートに、そこに初めて来た大人二人組がこんなことを書いていた。

土君との交流はとても安らぐ。彼はとてもいい顔をしてあそんでるのでいい。元気でいい。好きだ。弱いものいじめをしないといい。又来て遊びたい。

保育らしい保育は全くしなかったけれど土を囲む時間がもてただけでも満足してしまうなあ。

みんながみんな、保育をするためだけに来ていたわけではなかった。そこに行けば、誰かがいる。酒を飲める。子どもと触れ合うことができる。いやされる。心の調子が悪くてあまり誰かと交流したい気分じゃなくても、そこに行けば落ち着く。もちろん社会的な意義を感じている人もいただろう。いろいろだ。

いまの日本は理由が求められる時代だと思う。何か強いモチベーションがないとできない。夢がないとできない。目標がないとできない。何か行動をする際に、それをする理由が求められる。もちろんあったっていい。でも、ないひとだっている。沈没家族はスマートなものではないし、コンセプトも明確にあったわけではない。でも、そこにいるだけでそのひとが認められるような場だったのだと思う。だからこそ、ひとがひとと出会い、集う場になったのだと思う。

いきなり知らない大人が集まってきたわけではない。たくさんの大人で赤ちゃんを育てることに興味がありそうなひとたちがいた。かれらが集うところに、穂子さんがたまたまめぐり逢えた。それが、沈没家族がはじまった理由のひとつだった。

運命的な出会い

「だめ連」。それがその集まりだった。なんだそのふざけた名前はと思うかもしれないが、その名のとおり、だめ連はだめな人たちの集まりだった。まわりからそう言われていたわけではない。本人たちが「だめ」を肯定していることがキモだった。

就職できない、結婚できない、セックスできない。社会からみれば落ちこぼれた人たちが、だめでもいいじゃないかと集まったのがだめ連だった。別に会員になる必要もない。ゆるりと連なっていただめ連の最大の活動は、とにかく交流。スロー

アパートでの保育会議。一番左にいる坊主頭が穂子さん。坊主なのは、「すかっとしたいから」。その横が僕

ガンは「交流無限大！」だった。日夜、駅前の広場や公園でとにかく酒を飲みながら語り合っていた。

だめな人はとかく、だめをこじらせ一人になってしまうことが多い。みんなでそれを語り合うことで笑い飛ばそうぜ。もっと豊かな生活があるはずだ。そんなゆるやかな雰囲気がだめ連にはあったそうだ。

九〇年代の中央線沿いは、得体の知れない面白い人がたくさんいる時代だったという。だめ連は当時テレビや雑誌でも紹介されていたので、僕の映画を観てだめ連を思い出したという人もたくさんいた。

中野駅前で音楽を流しながら、ジェンカを皆で踊る映像が残っている。しかも、一番先頭は乳母車に乗った僕。うしろには穂子さんも映っていた。そういう時代だった、という一言では済ませたくないが、やっぱりそういうことが広く受け入れられていたのだと思う。いまだと即通報かもしれない。ただただ楽しそうに踊りまくるあの映像を初めて観たとき、驚いたし笑ったし興奮した。

一方で、気持ちよさそうにスヤスヤ眠っている僕をみて、うらやましい気持ちになった。いま自分があの場に居合わせたら、まわりの目を気にしてどきどきしそうだけど、赤子の僕は、何も気にせず気持ちよく寝ていた。あまりにも、いまの自分の暮らしとかけ離れている。そういうふうにいまの自分の生活と比べてしまうことが、映画を撮っていて、とても多かった。

　穂子さんはもともとだめ連の界隈にいたわけではない。一〇代のころに穂子さんと知り合った友人が、子どもを抱いて貧しいなか暮らしていた穂子さんを、だめ連とつなげてくれたそうだ。

　映画の冒頭、僕をわきに抱きながら、穂子さんが保育人を募集するチラシをカメラに向けるシーンがある。だめ連界隈で自主映画を撮影したときに、カメラを回していたのだ。実はあれが、だめ連と穂子さんの運命的な出会いの日でもあった。

　場所は、高円寺にあるシェアハウス「ラスタ庵」。たまり場のようになっていた。映画にも出てくるペペ長谷川さんはだめ連の中心人物の一人だったが、あの日初めて出会った穂子さんについて「初めから変態だった」と語っている。

　とても九〇年代の雰囲気にみえないという感想も多かった。当時の雰囲気を知らないから、年配のお客さんにそう言われても、「そうなのか……」となることが多かったが、あのシーンだけは七〇年代くらいなんじゃないかと思う。それこそ、穂子さんがヒントを得た七〇年代の共同保育所みたいなものは、こんな感じだったのかもしれない。僕が写真で見た、当時の共同保育所にいた女性の髪型や服装の感じは、穂子さんととてもよく似ていた。

僕がみた写真には女性がたくさんいたが、ラスタ庵は違っていた。映像では、一歳にも満たない僕がキョトンとした顔で座っている。その横で、男性五、六人が丸くなって座り、つまみや酒を置いてトークしていた。

初めてみたとき、パッと頭に浮かんだのが、連合赤軍の山岳ベース事件を描いた山本直樹の漫画『レッド』の一コマだった。根拠地の山小屋には若い男女がいたが、そこには革命戦士になる予定の赤子もいた。その画の赤子と映像に写る僕は、とても似ている気がした。もちろん、総括要求はラスタ庵ではされていなかったが、ぺぺさんはその場で穂子さんの友人から言われたそうだ。

もう子育てなんかできないかもしれませんよと言われたんだよね。もう変態だよね。でもたしかにと思ったんだよ。まあ面白そうとは思ったし、一回行ってみようと思って。

結婚とか家族とか就職とか、「男」としてこうあるべきというプレッシャーがいまより強い時代だったと思う。オルタナティブな生き方を模索していただめ連やぺぺさんにとって、穂子さんの提案は魅力的だったのだろう。

お金のやりとりはなし。それでも、来たら食事とビールくらいは振る舞う。保育に入るのは、そのひとのやれることをやれる範囲で。みんなでシフトを決めて、穂子さんがいないあいだアパートにやってきた。初めて参加する場合は経験者が付き添って、僕と一対一にならないようなるべく大人が複数いる状況をつくっていた。

「日本は沈没していく」

一九九六年に放送された、ＮＨＫの番組『青春ドギィ＆マギィ』では、「ツチくん２歳　僕らの子育て日記」と題して、アパートでの共同保育の様子を紹介している。大学のゼミでゼミ生たちと映像を観たあと、同世代のみんなはその生活ぶりに驚き、「土、こんなところにいたんだ……」と話していたが、僕もだいたい同じような感想だった。一、二歳のころの記憶なんてほとんどなかった。人生のなかで可愛さのピークを迎えている土の名前を、佐野史郎さんがナレーターとして読んでいることにも驚いた。そのご縁もあって、佐野さんには映画のアフタートークにも登壇していただいた。佐野さんはその回を覚えていたそうで、僕と会えることを心待ちにしてくださっていた。

映像には、狭いアパートで四、五人の男性と幼い僕が一緒にいる様子が映っている。保育人といっても、みんながみんな、いつも僕のために何かをやっていたわけではなかった。絵本を僕に読んでくれるひと、ベッドの上で洗濯物を畳むひと、その様子をぼんやりみているひと。僕が大好きな（いや、大好きだったのだと思う。覚えていない）プラレールで遊んでいるのを、少し離れたところから二人の男性が、ただ見守っているシーンもあった。

保育ノートには、公園に散歩に行ったりご飯を食べさせたりしたことが書いてある。だけど、映像を観ると、うちに来たひとが一番やっていたのは「そこにいる」ということだったのだと思う。子どもにとっては、だれかが「いる」だけでとても安心感があるのだろう。直接何かをしてくれなくても、自分がしていることを見てくれていて、時折それにリアクションをくれる。それは、大人になったいまの僕からしてもうれしい。そういう関わり方は楽だなあと思う。

月一回行われていた保育会議の様子も映像で残っている。土とどのように関わっていけばいいのか、とにかく議論する。穂子さんが主導権を握るわけではなく、それぞれが対等な立場で話していた。

僕が驚いたのは、その真剣さだ。週一回ほどのペースで来るなかで、「保育人」として何ができるのか、みんな悩みながら考えている様子がうかがえた。

その日やってきたひとたちが気づいたことを書き連ねていく保育ノートもつけるようになった。いま僕の手元には、一〇冊もの保育ノートが残されている。

初めは一〇人ほどだった保育人も、友だちが友だちを呼び、だんだんひとが増えてきた。そこで、集まったひとたちでフリーペーパーをつくることになった。そうなると、その名前を決めないといけない。

そんなある日、一人の大人が外でこんなチラシを配っていたよと、穂子さんやほかのひともいるなかにそのチラシを持ってきた。ある政治家が、こんなことを書いていたそうだ。

いまの日本は家族の絆が薄くなっている。離婚する家庭も増えている。男は外に働きに出て、女は家を守るという伝統的な価値観がなくなれば日本は沈没していく、と。

これを見た保育人たちは、腹を立てたり笑い飛ばしたりしながら、そんなんだったら俺たちのやっていることは沈没家族だねと盛り上がったそうだ。フリーペーパーの名前は「沈没家族」に決まった。

フリーペーパーには、家にやってきた大人たちのインタビューや家族制度について思うこと、みんなで行った沈没合宿の報告などが載せられている。五〇〇部ほど刷っていたそうだ。

ふたりで暮らしていたアパート。穂子さんがいないときも保育人が来るから、鍵を玄関に隠していた。ただＮＨＫのドキュメンタリーで、鍵の隠し場所が思いっきり放送されてしまった

保育ノートには、婚外子差別を考えるイベントのインフォメーションもあった。沈没家族じたいが、政治的に統一された考えを持っていたわけではない。社会に対して、おかしいところはおかしいと言うような場の雰囲気があった。敬遠されるわけでもなく、当たり前のように社会の話がされていた。

受けとめてくれる場所

だめ連以外のつながりからも、ひとが集まるようになっていた。映画に出てくる高橋ライチさんもその一人だ。

ちなみに彼女は、沈没家族では「しのぶさん」と呼ばれていた。その理由も分からないが、僕もずっとそう呼んでいた。「ライチさん」と呼ぶのはしっくりこない。だから、僕もしのぶさんと呼ぶ。一五年ぶりに再会したときにしのぶさんではなくライチさんとして通っていたのが、たまらなく不思議だった。

しのぶさんは、上京して出会った男性とのあいだに子どもができ、それを機に結婚した。その後折り合いが悪くなり別れたことをきっかけに、穂子さんと同じようにシングルマザーになった。地方の母子家庭で育ち、親と子どもだけの閉じた関係が息苦しかった。子どもと二人きりになったら、また息苦しさを感じそうだなと思っていた。そんな

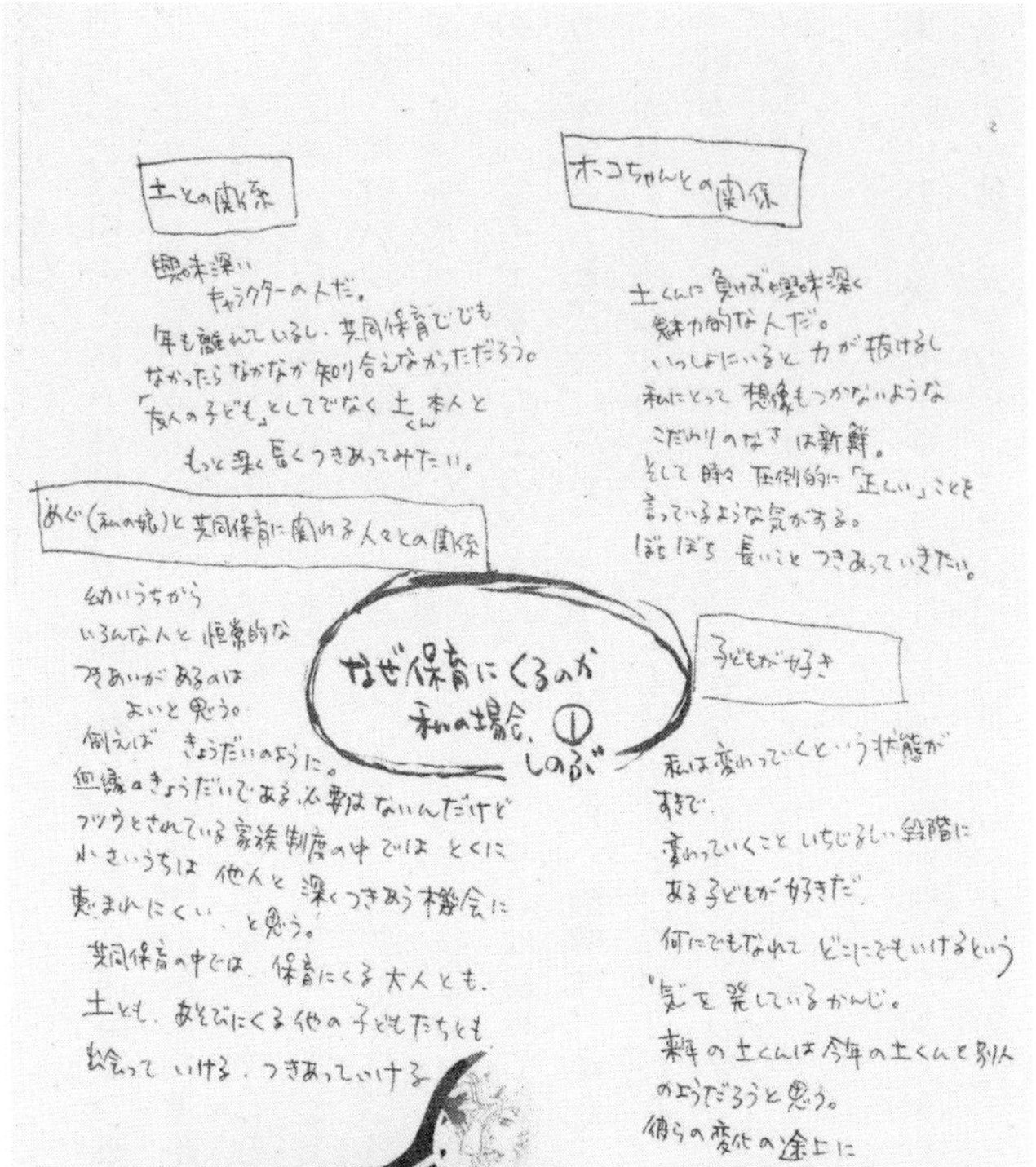
土との関係

興味深い
キャラクターの人だ。
年も離れているし、共同保育でなかったらなかなか知り合えなかっただろう。
「友人の子ども」としてでなく土くん本人と
もっと深く長くつきあってみたい。

ホコちゃんとの関係

土くんに負けず興味深く
魅力的な人だ。
いっしょにいると力が抜けるし
私にとって想像もつかないような
こだわりのなさは新鮮。
そして時々圧倒的に「正しい」ことを
言っているような気がする。
ぼちぼち長いことつきあっていきたい。

めぐ(私の姪)と共同保育に関わる人々との関係

幼いうちから
いろんな人と恒常的な
つきあいがあるのは
よいと思う。
例えばきょうだいのように。
血縁のきょうだいである必要はないんだけど
フツウとされている家族制度の中では とくに
小さいうちは 他人と 深くつきあう機会に
恵まれにくい、と思う。
共同保育の中では、保育にくる大人とも、
土とも、あそびにくる他の子どもたちとも
出会っていける、つきあっていける

なぜ保育にくるのか
私の場合 ①
しのぶ

子どもが好き

私は変わっていくという状態が
すきで、
変わっていくこといちじるしい段階に
ある子どもが好きだ。
何にでもなれて どこにでもいけるという
"気"を発しているかんじ。
来年の土くんは今年の土くんと別人
のようだろうと思う。
彼らの変化の途上に
私は同席していたい。
変化の途上をキオクすること、
影響しあうこと、
あとになって同じ方向を振り返って
酒なんかのんで
トークとかすること。

ー3ー

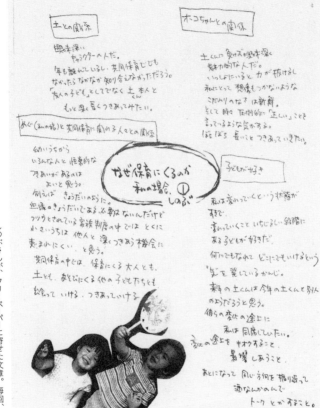

しのぶさんが、フリーペーパーに寄せた文章。毎回、代わるがわるいろんな人が書いていた。編集担当も持ち回り

とき、ここに行けば穂子さんに会えるよと紹介されたそうだ。そうして訪れた場所が「岡画郎」だった。

岡画郎は高円寺にあった場所で、岡啓輔さんという建築家でありダンサーでありといようよくわからない肩書きのひとがやっていた。建物を挟んだ道路の向かい側に望遠鏡があり、そこから画郎で過ごしている人たちやモノを眺めて楽しむ。そういう試みをやっていたとき、しのぶさんもたまたまそこを通りかかり岡画郎と出会った。

画廊とは言いつつ「廊」の字がちがうように、岡画郎もひとがゆるゆると集まり交流を楽しむ場所だった。楽しそうだからという理由でひとがわらわらと集まってくる。田舎の普通の家庭で育ったしのぶさんにとって、それは初めて見る光景だったそうだ。

九五年当時の高円寺、中野など中央線の面白い場所は、ゆるりとつながっていたそうだ。だから、岡画郎に出入りするひともだめ連とつながりがあった。しのぶさんもそこで、東中野のボロいアパートで共同保育が行われているのを知った。しのぶさんは小さな子どもを連れて、アパートにやってくるようになった。

東中野に来る前、穂子さんは鎌倉で共同保育をやってみようとしていた。そこでかなわなかった穂子さんのビジョンは、九〇年代の中央線の文化にとてもマッチしていたのだと思う。面白い人が面白い人を連れてきてどんどん大きくなっていく、それがあの時代あの土地の雰囲気だったと思う。

僕が生まれたのが一九九四年。当時の感覚は生ではわからない。それでも九五年に阪神淡路大震災が起き、オウム真理教の地下鉄サリン事件が起き、Windows95が発売されたことは知っている。時代が大きく変化していく年だったのだと思う。

僕がドキュメンタリーに興味を持つきっかけになった映画監督の森達也さんは、右傾化ではなく集団化が始まった年が九五年だという。セキュリティ意識が高くなり周りを信じられなくなり、「まともな自分たち」と「おかしい人たち」と分けて考え、外に敵を見つけ叩こうとする。

いまにつながる嫌な時代の始まりだ。そんな時代に、だめ連や岡画郎は、社会からこぼれ落ちそうになっているひとでも、ガハハと笑いながら受け止めてくれる場所だったのだと思う。

穂子さんにはじめて会ったとき、しのぶさんはこんな突き抜けているひとがいるんだと驚いたと同時に、結婚したことを後悔したそうだ。

そのときは、結婚はしないといけないという考えがあったんだけど、穂子ちゃんをみてたら、自分も結婚しないで子どもを産めばよかったと思ったよ。

迷う大人

沈没家族での子育てが、支援する支援されるの関係ではなかったということはひとつ大事なことだ。映画のなかでしのぶさんが、こんなエピソードを語っている。

カセットテープのテープを引き出して遊ぶのが土のブームで、それを止めたほうがいいのかやらせたほうがいいのか、そこに住んでない大人が迷う、っていうのが書いてあって。

保育者の人も穂子ちゃんの判断を求めてノートに書いたと思うんだけど、「いやー、どう思いますか？」って言うんだよね。

穂子さんがやりたかったのは、集まってきた保育人にこれをしたら怒ってほしいとかこれを食べさせてほしいとかそういうことではなく、それぞれで子どもと関わってほしいということだった。

沈没家族で月に一回開かれた保育会議での一番の議題は、子どもと対峙したときどうするかということだった。保育ノートには議論の様子が載っている。

「土が泣きやまないとき、放っておいていいのか？」

「ずっとかまっていても大人が疲弊するだけ？」

「放っておいてるのを見るとやっぱり土がかわいそうに見えてしまう」

「泣かせたままでいるのはそんなにひどいか？」

「土だって体調悪くてつらいときもある。それと同じでこちら側も体調悪くてつらいときもある」

「土が大変なときこちらはフォローできるが、その逆は不可能だよなあ……」

「一緒に育もうという気持ちなしで泣いたままにしておくのは良くないな」

「泣き止ませるのが解決法ではない」

「子どもに対する姿勢が大切」

「泣かなければ土がつらくてもいいの？」


保育ノートには、食事の時間や食べたもの、土が話したことなども細かく書かれていた。申し送りのようなかたちで、その日の課題や成果も書いてある。とにかく、分量がすごい。これだけの文章が書けることに、知性と熱量を感じる。子育て経験のないなかで、とにかく悩み喜びながら子育てしていた。

場面場面で出会う大人への対応は、とっさに出てくるものだ。僕の反応をみんながフィードバックして、どうすればよかったか話している。いま思うと、なんだか安心する。これだけ議論し、みんなで考えてくれた。だったら絶対、自分にまずい影響は与えてないよなと思う。

親以外に、たくさんの価値基準がある。子どもにとっては大変だ。一番実感したのは食事のときだ。昼ごはんを一緒に食べた人の箸の持ち方はこうだったけど、晩ごはんを一緒に食べたひとはちがうということがよくあった。子どもにとってそういう経験がどういうことなのかわからないが、僕はうまく適応していた。

器用に昼と夜で箸の持ち方を変えるわけではない。自分にとってベストのほうをいつも選択していたということだ。一歳から自分の家にたくさんの大人が出入りしていた僕は、日常に選択肢がたくさんあって、その中から一番楽でベストなものを選択することに慣れていたのだと思う。

東中野のボロいアパートは風呂なしで、その狭いアパートに平気で二〇人ぐらいが集まって会議をしたりした。そのうち、近隣からうるさいと苦情がくるようになった。

ひとがたくさん集まるのでそれは仕方ないと思うが、音だけではなかった。穂子さんは当時カレーをつくることにはまっていたため、よくカレーを振る舞っていた。しかしそれがスパイスからつくるかなり本格的なカレーで、それも寸胴いっぱいにつくるもんだから、匂いがきついというクレームも近所から来るようになった。

そのとき僕は二歳半。近隣から白い目で見られていることなんか知る由もない。アパートでたくさんの大人に囲まれて、愉快な生活を送っていた。

カオスの魅力

そんなとき、しのぶさんが穂子さんにひとつの相談をした。加納穂子・土親子としのぶさん・しのぶさんの子どもの四人で、共同生活をしないかというものだった。

パートナーと離婚したあとたまたま出会った沈没家族で、たくさんの大人と子どものことについて気軽に話し合えるひとがいる空間を体感したしのぶさんは、自分も仕事に行っているあいだに子どもを見るひとがほしいので、一緒に住まないかと穂子さんを誘ったそうだ。それがのちの、一戸建ての「沈没ハウス」での共同生活が始まるきっかけだった。

だけど、穂子さんはその誘いを断った。母子二組だけの共同生活では、彼女が逃れようとした、家の中で完結した生活になってしまうのではないかと危惧したからだ。

穂子さんが仕事に行っているあいだしのぶさんが僕を見て、しのぶさんが仕事に行っているあいだ穂子さんがしのぶさんの子どもを見るという関係だと、結局親と子という関係になってしまう。穂子さんが求めていたのは、閉じない関係性であって、母子二組だとそこで閉じてしまいそうだった。

血縁やしがらみから離れた、関係のないひともそこに入れたい、と穂子さんはしのぶさんに返した。それを聞いたしのぶさんはめちゃくちゃ納得がいって、やはりこのひとはすごいと思い返したとインタビューのときに語っていた。

さすがというか、先見の明があるなと思ったよね。結局、それって私が離れたかった、血縁のしがらみみたいなものをもう一回やることだって穂子ちゃんから言われて気付いた。

広島の横川シネマという映画館で、僕と穂子さん、そして詩人のアーサー・ビナードさんで、映画の上映後にトークをする機会があった。

「沈没家族って、人間の古くからある形だよね」ビナードさんは、アフリカのある部族の子育てでは、子どもを大人みんなで見るという例を挙げた。それに対して穂子さんは、「似ているところもあるけど、ちょっとちがうところもあるかも」と返した。

みんなで子どもを見るという点では一緒なのかもしれないけど、沈没家族は一夫多妻制やしがらみのあるところとはまた少しちがう。アフリカの部族の例は、社会的な規範として子どもはみんなでみることがあるのだと思う。だけど、沈没家族は社会的な規範とはまったく離れたところで、みんなが能動的に子育てに集まってきた。そして、子どもと触れ合うことに対して、そのひとが最後まで責任を持たなくてはいけないということでもなかった。

子どもと触れ合いたい、そこに行けば誰か大人がいる、なんだか安心する。いろいろな理由でひとが集まってきていた。

映画を観たお客さんからも、昔はこんな空間が田舎にはあったよねと懐かしむ声をたくさんいただいた。だけど、都会の片隅で穂子さんが生き延びるために必要だったのは、ムラ社会や血縁のしがらみから外れて、子育て経験もないし、そもそも子どもがそんなに好きじゃないひともひっくるめて、子どもと子ども、大人と大人、子どもと大人が混じり合う場所だったのだと思う。

僕も年配のお客さんから、昔の長屋で育ったみたいなもんだよねと言われると少しちがう気がするなあと思っていた。だから、舞台上ではっきりと穂子さんが語ったのを聞いて「そうだよね！」と強く相槌を打った。もちろん、昔の田舎のように子どもをたくさんのひとが見守ってくれる環境は素晴らしいと思うが、沈没家族を語るときはべつに考えないといけない。簡単にカテゴライズできない空間こそが沈没家族の魅力だった。

沈没ハウス

どこに家をおくか？　家賃の割り振りは？　どんな物件がいいか？　引っ越しの段取りは？　こういったことを着実に進めてくれるしのぶさんは、とてもありがたい存在だったそうだ。

「こんなことがしたい！」とつっぱしり、その醸し出す佇まいでひとを巻き込んでいく穂子さんと、ひとの話をよく聞いて、現状を理解しながらやりたいことを進めていくしのぶさん。そんな二人の相性は、それぞれの話を聞いた僕からすると、ばっちりだったのだと思う。

ナイスコンビだった二人だが、夢の共同生活までには壁も大きかった。条件はまず、家賃が安い。そしてそれぞれの部屋があることだった。なかなかそんな物件は見つからなかった。

「シェアハウス」という言葉もない時代、血縁関係のない大人が一緒に住むことのできる物件がそもそもすくなかった。オウム真理教が日夜報道されていたような時代に、共同生活は怪しさ満点の形だったのだと思う。

区役所のひとが家を訪れたときのことを、穂子さんはフリーペーパーにこう書いている。

役所の人には「部屋は四階だけどコドモがいつも過ごしてるのは二階なので、そちらに来てほしい」と言っておいたんだけど、来てくれた人はどこをノックすればいいのか迷ってしまったらしく、たどり着くなり「ここはどういう家なんですか」と聞くので、何人かで住んでいることを説明すると「気味が悪い家だ」とか「オウムか何かじゃないですよね」と言われて、私の方がビックリしてしまった。

こういう状況にいまの役所のひとも理解があるかは分からない。少なくとも当時、共同生活は、いまでは考えられないほどうさんくさいものと捉えられていたのだろう。

二人は奥の手として、自分たちは親戚関係であるということで行こうともしたが、幸いその手を使わずに、共同生活ＯＫで条件に合う物件とめぐりあうことができた。

二人がたどり着いたのが、穂子さんと僕が最初に住んでいた東中野の逆側、神田川のすぐ近くにある三階建ての建物だった。一階に大きなリビングと風呂、トイ

沈没ハウス。書き初め大会をしたときは窓中に半紙が貼ってあったので、外からみたら異様な光景だったかも

レ、キッチン、二階にふた部屋とトイレ、三階には三部屋。築三〇年の建物だった。

内見に行った二人にとって決定打になったのが、屋上だった。手すりはボロボロだったが、新宿の都庁も見えたし、すぐ近くには総武線がゴトゴト走っている姿も見えた。ここだね！と盛り上がり、運命的な出会いを果たしたその家を借りることになった。

初期メンバーは加納親子としのぶ親子、そして独身の男性が二人、女性が一人。それぞれの部屋に収まった。多くが初めのアパートのときから保育に入ったことのある人たちだった。その家はやがて沈没家族にちなんで、「沈没ハウス」と名付けられた。

沈没ハウスに移り住んでからも、前のアパートに来ていた保育人はシフトを決めて家に来ていた。とはいえ、シフトに入ってなくても、みんなふらりと家を訪れていたようだ。食事をともにすることが多かったため、みんなカンパでお金を置いていってくれた。一緒に住んでいる人も外からやってくる人も、だれかしら大きなリビングにいるので、遊び相手には変わらず事欠かなかった。

＊

いまシングルマザーのひとは、どんなふうに子育てをするんだろう。最近では「選択的シングルマザー」という呼ばれ方で、パートナーとは子育てをしないという意志をも

屋上でスイカ割り。新宿のビル群が見える

って出産するケースもあるそうだ。

穂子さんの場合、東中野に移る前に、実家で育てないかというオファーがあった。だけど彼女はそれを断った。専門学校に行きたい、自分の時間がほしいという理由もあったそうだが、もっと根本的には、「選択的沈没家族」だった。

「穂子さんはどんな家庭で育ったんですか？」

映画を観た多くのお客さんから、質問されたことだ。たしかに僕は映画で、穂子さんの育った家族についてまったく触れていない。僕としては正直沈没家族のことで手一杯で、加納家を撮ろうとは考えたこともなかった。

穂子さんが「選択的沈没家族」を望んだのは、育ってきた家庭に大きな理由がある。それは間違いなかった。でも僕は、穂子さんと親の関係性をあまり知らなかった。

第二章

加納家のこと

（土＝誕生前）

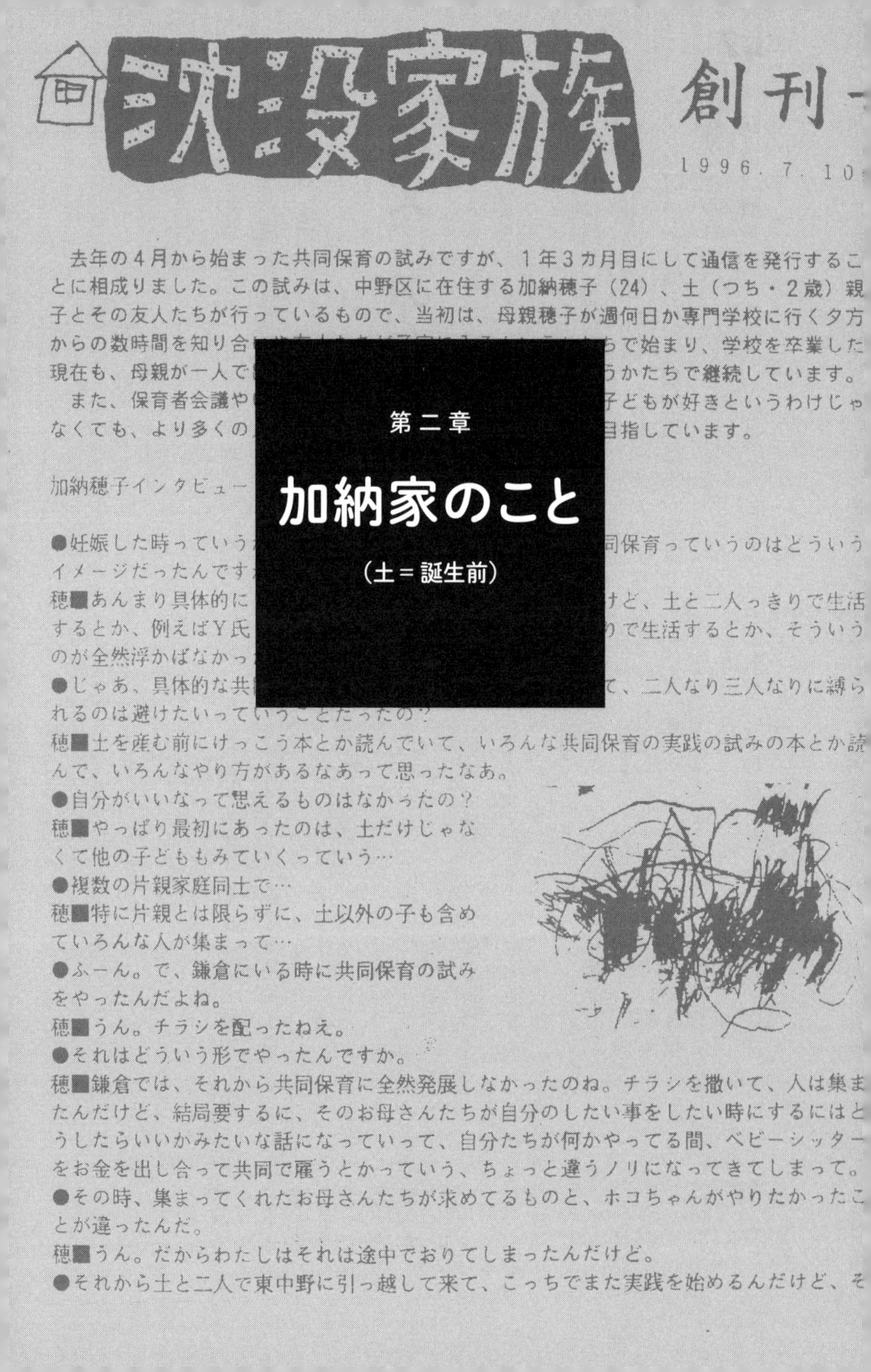

沈没家族　創刊

1996.7.10

去年の４月から始まった共同保育の試みですが、１年３カ月目にして通信を発行することに相成りました。この試みは、中野区に在住する加納穂子（24）、土（つち・２歳）親子とその友人たちが行っているもので、当初は、母親穂子が週何日か専門学校に行く夕方からの数時間を知り合

ちで始まり、学校を卒業した現在も、母親が一人で

うかたちで継続しています。

また、保育者会議や

子どもが好きというわけじゃなくても、より多くの

目指しています。

加納穂子インタビュー

●妊娠した時っていう

同保育っていうのはどういうイメージだったんです

穂■あんまり具体的に

けど、土と二人っきりで生活するとか、例えばＹ氏

りで生活するとか、そういうのが全然浮かばなかっ

●じゃあ、具体的な共

て、二人なり三人なりに縛られるのは避けたいっていうことだったの？

穂■土を産む前にけっこう本とか読んでいて、いろんな共同保育の実践の試みの本とか読んで、いろんなやり方があるなあって思ったなあ。

●自分がいいなって思えるものはなかったの？

穂■やっぱり最初にあったのは、土だけじゃなくて他の子どももみていくっていう…

●複数の片親家庭同士で…

穂■特に片親とは限らずに、土以外の子も含めていろんな人が集まって…

●ふーん。で、鎌倉にいる時に共同保育の試みをやったんだよね。

穂■うん。チラシを配ったねえ。

●それはどういう形でやったんですか。

穂■鎌倉では、それから共同保育に全然発展しなかったのね。チラシを撒いて、人は集まったんだけど、結局要するに、そのお母さんたちが自分のしたい事をしたい時にするにはどうしたらいいかみたいな話になっていって、自分たちが何かやってる間、ベビーシッターをお金を出し合って共同で雇うとかっていう、ちょっと違うノリになってきてしまって。

●その時、集まってくれたお母さんたちが求めてるものと、ホコちゃんがやりたかったことが違ったんだ。

穂■うん。だからわたしはそれは途中でおりてしまったんだけど。

●それから土と二人で東中野に引っ越して来て、こっちでまた実践を始めるんだけど、そ穂子さんは一九七二年、神奈川県の川崎市で生まれた。父親と母親、そして姉と兄が一人ずつ。僕が経験したことのない、血のつながったひとがたくさんいる家庭で穂子さんは育った。

祖父、のんじ

穂子さんの父親は児童書の編集者。僕が小学生のころ、加納信雄という名前が載った「たくさんのふしぎ」を読んで、びっくりしたことを覚えている。僕は小さいときから祖父のことを、「のぶおおじいさん」をちぢめて「のんじ」と呼んでいた。

のんじは僕が五歳のころに病気で亡くなったから、正直言って、思い出はあまりない。そのとき、僕は沈没ハウスで穂子さんから危篤だとの電話を受けた。テレビでやっていたアニメを観たいと病院に行くのを渋っていたら、近くにいた大人から行ってきなと強く言われたのをなんとなく覚えている。

結局、穂子さんが急いで沈没ハウスまで来てくれて、そのまま二人で病院に向かった。病室での穂子さんはいままで見たことがない様子で落ち込んでいて、どうやらおおごとだと気づいた。

穂子さんは父親とよく一緒にいたと話していた。のんじの死はかなり大きな出来事だったのだと思う。のんじは、六七歳で亡くなった。穂子さんはのんじのことを振り返って、こんなことを言っていた。

やっぱり、そのあと年寄りと関わる仕事とかして、八〇とかでも元気な人みてるとやっぱり早いなと思うし、もっと話したかったなと思うよ。

なにかを創造する、それはつくるだけじゃなくて想像するもだけど、その扉を開いてくれたよね。家の中に児童文学もいっぱいあったし、なにかを思うことは誰にでも保障される基本的なことだって思えたよね。

のんじの一七回忌で、祖母が中心となってのんじの著作断片集をつくることになった。疎開先に出発する日に親に送った小さいときの手紙や、中央公論の編集者として働き始め、そこから児童書の世界へ移るなかでさまざまな媒体へ書き連ねてきた文章とともに、近しい人が「思い出の中の加納信雄」をテーマにそれぞれ文章を書いた。

穂子さんが寄せた文章が良すぎて、すごく悔しくなった。僕は隣のページに「のんじとポケモン」というダメダメな文章を書いていたので、なおさらだった。穂子さんは、「上書きの思い出」という題で書いていた。

N氏が亡くなって一週間ほどした頃、みた夢がある。わたしは六歳、七歳くらいで、生田の家の庭で多分日曜日、夕方N氏とたき火をしている。庭の光景の光線は黄色がかっていて、N氏の笑っている顔が見える。そういう夢だった。

実際、N氏がたき火をするときにわたしはよくつきまとっていたように思う。しかし、夢にみるまで意識にのぼることのなかったその記憶が突然蓋をあけて鮮明にあらわれ、以後N氏に関する思い出はこの光景が一番。上書き保存された。

昼と夕方の間のきいろい時間から行うたき火はいつも日暮れのだんだんと色を変え暗くなっていく世界（庭）で、最後の熾火をみるのがとっておきの楽しみだった。夕闇のなかに残った火たちは、ちろりちろりゆらめいてどこか知らない街の灯りがうごめくように生きていた。

わたしにとってN氏は、うかびあがってくる生きものをみつめる、そのふしぎな時間を共有する者だった。

今も、わたしには熾火がある。ちろちろと灯り、生きている。どしゃぶりから守るのは大事だが、密閉しては消えてしまう。時折あたらしい薪もくべなければならない。

たとえ世界がまっくらやみになっても、わたしはもうひとつの世界の灯りを知っている。熾火をみつけられる。

熾火は今、「内心の自由」というものなんじゃないかと考えている。

熾火との出会いに、N氏に感謝する。

のんじを「N氏」と表現するのが、穂子さんらしい。そういえば加納家では、みんなで正月にトランプとかをする際、得点表にそれぞれの頭文字をアルファベットで書いていた。

「上書きの思い出」が書かれたのは、ちょうど共謀罪の法案が国会を通る時期だった。穂子さんにとってののんじは、かたわらでともにいる人だったのだと思う。「もうひとつの世界の灯り」の存在を教えてくれたのも、のんじだったと思う。

祖母、みんば

穂子さんの母親は女性史の研究者だった。「僕の祖母は加納実紀代です」と上映後のトークで話すと、声をあげて驚くひとがたくさんいた。僕は祖母のことを、「みんば」と呼んでいた。

みんばのルーツである広島の横川シネマでの上映や、大学で教えていた新潟にある新潟・市民映画館シネ・ウインドでは、彼女をよく知るひとたちが映画を観にきてくれた。たくさんのひとが、映画の感想とともに、みんばの思い出を話してくれた。

みんばがインタビューされた『ジェンダー研究を継承する』（人文書院）という本には、詳しいプロフィールが載っている。

一九四〇年、日本統治下の京城（現ソウル）生まれ。

僕は大学一年の語学で韓国語をとった。その話をしたときに、「ソウル生まれだよ」と初めて知らされた。日常会話の勉強の成果をみんばに自慢しようとしたら、自分よりしゃべれてビックリしたことを覚えている。

陸軍軍人の父の転勤で国内へ戻り、一九四四年に広島へ移住する。四五年八月六日に被爆し、父を亡くし、母の実家近くの香川県善通寺市で成長する。

みんばはよく、陸軍軍人だった父の話を書いていた。みんばの父は広島で亡くなったが、朝鮮の人々を苦しめていた人間でもあった。被爆者であり、戦争の加害者でもある。そんなことをみんばは考えていた。

加納は、出版社の下請けの仕事で戦争中の生活を調べ、女性たちが単なる被害者ではなく、生き生きと銃後を支えていたことに驚いたことから銃後史研究へ踏み出していった。

みんばは大学では東南アジア文化を専攻していて、アンコール・ワットが大好きだった。僕が小学四年生のとき、みんば、穂子さんと一緒にアンコール・ワットに行った。「旅好きな人なんだな」とは思っていたが、銃後史なんて言葉は、大学に入るまで僕もその意味が分からなかった。ちなみに「銃後」とは、戦線の後方つまり直接戦争には参加していない国民や国内のことをいう。

一九九〇年代は「母性」と天皇制、九〇年代後半からは「ヒロシマ」をジェンダー視点で検討……二〇〇〇年代はひろしま女性学研究所で女性とヒロシマに関する連続講座を担当した。〇二年から一一年まで、敬和学園大学特任教授を務め、新潟と自宅のある川崎市を行き来する。

みんばが、自分が広島と向き合うきっかけになった出来事について話していたのも覚えている。のんじが多発性骨髄腫、いわゆる血液のがんで亡くなったことだった。当時、被爆したひとが多くかかるといわれていた病気だ。

広島で被爆した自分こそが侵されるんじゃないか。不安に思っていた病に、パートナーが侵されあっさり亡くなった。このことをきっかけに、みんばはそれまでより一層「ヒロシマ」を考えるようになった。広島で被爆した被害者の自分と、戦争に加担した日本の一員だった加害者の自分。それに向き合うきっかけのひとつが、のんじの死だったと思う。

僕にとっては、「ザ・おばあちゃん」のような存在だった。正月にはお年玉をくれて、高い寿司を頼んでくれた。

僕はみんばの書いた本を、まともに読んだことがなかった。小学校のころから、生田の家で「ジェンダー」とか「フェミニズム」という言葉を目にしてはいた（意味はさっぱり分からなかったけど）。大学のレポート課題の参考図書として、みんばの本が出てきたときはとても驚いた。

みんばは、遠い雲の上から何かを指摘するのではなく、あくまで自分の置かれた立場に根ざしたところで考えてきたひとだと思う。被爆者として、女性として、アジアを侵略した国の国民として。

僕は、彼女がどんな人生を送ってきたか全然知らなかった。唯一、僕が強烈に覚えているのは、五歳のとき、みんばと一緒に広島の平和記念資料館に行ったことだ。みんばの解説を聞きながら、一緒に回った。

途中、アメリカがどれだけひどいことをしたか教えてくれたとき、僕はみんばに「だったらアメリカに行って同じことをしてやればいいじゃん」というような言葉を返した。

そうしたら、その場でみんばが泣き出した。人がたくさんいるなかで、しくしく泣き出したみんばの姿を覚えている。一緒にいた穂子さんもおろおろしていた。いま書くとなんてひどいことを言ったんだと情けなくなるけど、そのときは、ぽかんとしていた。

沖縄・波照間島でみんばと。右に穂子さん、左に僕。のんじも沖縄が大好きだった。のんじの遺骨の一部は、波照間の海に流した

穂子さんは五歳のとき、兄・姉と一緒に資料館に行ったことがあるらしい。みんばが、五歳のときに広島で被爆したからだ。みんばによると、隣の家の子どもの顔が、ドッジボールのようになっていたそうだ。この話は何度も聞いた。八月六日になると、僕はどこで生活していようとも黙禱している。

穂子さんが小学五年生のとき、被爆者の語り部としてみんばが学校に来たそうだ。周りに加納の母ちゃん来てるぞといじられて恥ずかしかったらしい。同時に、何度も聞いてきた被爆体験の話が珍しいんだと気づいた日にもなった。

穂子さんが「実紀代さんの娘さんなのか！」と驚くひともたくさんいた。女性史を研究して女性のあり方に先進的な考えのある家だったから、穂子さんが沈没家族を始められたんだねともよく言われた。でも僕は、穂子さんとみんばの関係をあまり知らなかったから、うまく返せなかった。

共感できない理想

自分の家がまわりの子とちがっていて、コンプレックスだった時期が穂子さんにはあったそうだ。

穂子さんは、みんばにわかりやすい仕事をしてほしかった。まわりの子の親はスーツを着て朝電車に乗って仕事に行ったりお店をやっていたりしたけど、うちは子どもたちが学校に行く時間にまだ寝ているし、原稿に煮詰まったのか、突然夜中に車を飛ばしてドライブに出かける。家には本が散らかってるし、友だちからは「遊びに行くと靴下が汚れる」とも言われる。家に友だちをあまり呼びたくないし、新聞折り込みやヤクルトの配達の求人を見せて、こんなとこで働いたらと勧めてくる。

そんな子どもだった時期が自分にもあったと穂子さんは話していた。普通の家、普通の親を求める時期が穂子さんにもあったのだ。

みんばとのんじの二人とも、子どもが社会に適応していくための関わりはあまりしていなかった。穂子さんもそう言っているし、みんばも認めていた。

　本人から言われたんだけど、私の小学生のころ覚えてないって言うんだよね。それは面白かった。まあ末っ子だったってのもあるんだろうけど、一番上が生まれて嬉しくはなったけど、あとはもう勝手に育ったって感覚なんだろうな。本人も「親として、あまり子どもをみていなかった」って言っていたしね。

晩年、私が八丈（島）でやっていることを応援してくれたりしたのは贖罪の

みんばの家（穂子さんの実家）でNHKのドキュメンタリーを一緒にみたとき。お箸をもっているのは、焼酎に入れた梅干しをつぶすため

意識があるのかなと私は推測してるんだけど。でも、自分では道をなかなか切り開けない小学生とか中学生のころに関わってくれよって思うよね。

より楽なほう、愉快なほうへ進んでいっている印象しかなかったが、穂子さんにも、自分でどうにもできない時期があった。どの子どもも、自分では選べないんだ。

「『自分の子どもなのに、頭が悪いはずがない』みたいなことを言われたときは、気持ち悪いなと思ったよ」穂子さんは笑いながら話していた。

「親として、あまり子どもをみていなかった」みんばはそう話していたが、穂子さんが歳を重ねていくなかでちがう側面もでてきた。

高校進学のとき、のんじとみんばは「自由の森学園」という高校を穂子さんに受けさせようとした。二人のなかに、公教育に対する疑問もあったのだろう。それでも穂子さんはそこには行きたくなかったから、面接で「私はここに入りたいと思っていません」と言って無事不合格になった。

「金を払って、私立のとこに行って自由を選ぶのは特権階級のやることだしと思ってた」

焼酎をあおり、笑いながら話しているが、すごいことを言っている。このころから、穂子さんのロックな感じが現れていたのかもしれない。「そっちが自由の森なら」と、穂子さんは家から遠く離れた県立の高校に進学した。

多分、彼らの中にも理想みたいなのがあったんだと思う。それが子どもとずれていることに気付いていなかったと思う。

――それって、いまになってみたら共感とかできる？

いや、共感はできないね。

それまで笑いながら話していたが、その言葉だけは真顔だった。

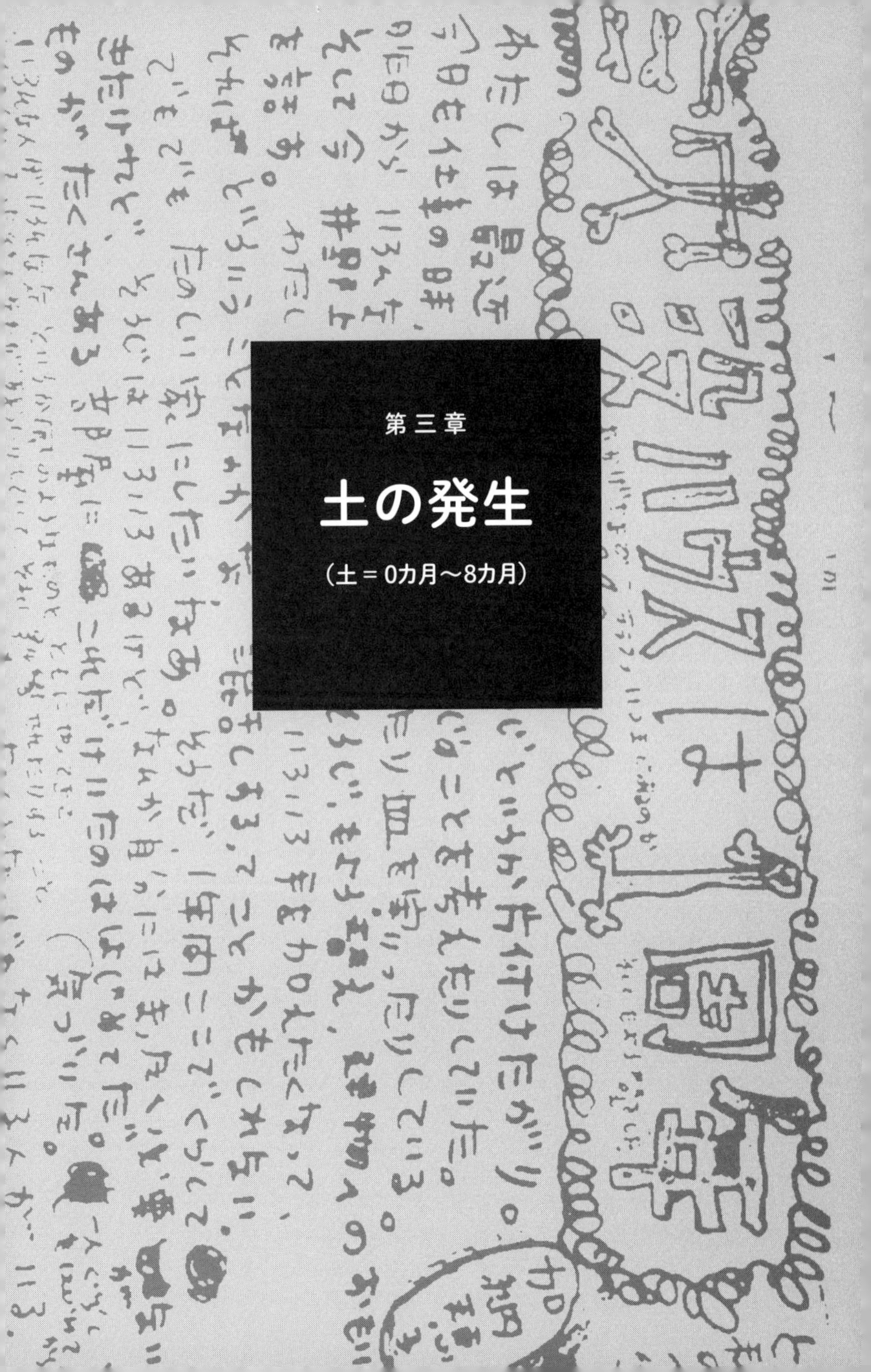

第三章

土の発生

（土＝0カ月〜8カ月）

「一〇代のときは生きてる感がなかった」穂子さんは、常々そう語っている。そんなときにたまたま始めた写真屋のバイトで、写真の魅力に引き込まれた。

当時はフィルムカメラで、撮ったものがどんなものかその場で分からない。現像のやり方を教えてもらい、自分で現像した。焼き上がる写真がどんなものになるかワクワクしながら、ひとり暗室で作業する。そんな時間がとても楽しかったそうだ。

穂子さんはずっと、誰かと一緒に何かをやってきていた。ひとり黙々と自分の世界に入って楽しむ穂子さんを想像できなかったから、その言葉は意外だった。

穂子さんが写真という表現に出会わなかったら、その後の穂子さんの人生はちがったものになっていたと思う。僕がこの世に誕生したかもわからない。

穂子さんは夜間の写真専門学校に通いはじめ、そこで一人の男性と知り合う。それが僕の父となる山くんだった。

二人は鎌倉で生活を始め、穂子さんは僕を妊娠した。

僕がすごく気に入っていて、上映後のトークでもよく話すエピソードがある。映画に出てくる山くんが撮った写真を見て、穂子さんが「いい写真を撮るひとがいい人間とは限らないよね」と少し笑いながら話したことだ。穂子さんらしい言い回しだとも思うが、それだけ彼女は彼の写真を認めていたのだと思う。

穂子さんと山くんは一五年近く会っていないし、おそらくこれからも会うことはないだろう。いまの二人の関係を考えると、なぜ二人がくっついたのか子どものくせに不思議に思う。でも、当時の二人を究極的にぐいっと繋いだ一端に、写真があるのだと思う。

映画では、それぞれの撮った「家族写真」を編集で入れ込んだ。撮ったときのそれぞれの感情や場面が想起される写真だった。ドキュメンタリー映画をつくる人間としては、良さを持っていかれそうで使うのをためらうくらいだった。

土、誕生

たまたま発生したんだよ。君という存在は。

鎌倉の公園で酒を飲みながら穂子さんと話しているときに出てきた言葉だ。あまりにもあっけらかんとしていて、とても面白かった。想定外の妊娠だったのだろう。

穂子さんと山くんは、穂子さんが妊娠するころから時折衝突していた。二人のあいだで何があったのか、詳しくは知らない。ただ、映画を観に来てくれた、当時の穂子さんと仲が良かったひとから聞いた話が面白かった。

「山村さん（山くんのことだ）が誕生日プレゼントかなんかに加納に、赤い口紅を贈ったんだよね。それに加納はすごい不満そうだった」

たしかに穂子さんに口紅を贈るのはちがうと思う。このエピソードは鎌倉に住んでいたころの話ではないが、合わないところが鎌倉にいたころからあったんだろう。

穂子さんは誰かと結婚するとは考えていなかった。婚姻制度に対する違和感があったからだ。一方で、共同で子育てをしてみたいというビジョンも、妊娠しているときからあったという。

思いついたきっかけは、奄美大島にあった「旧無我利道場」というコミューンを旅したことだ。子どもたちがたくさんの大人に囲まれながら、縦横無尽に走り回る姿を見て、刺激を受けたそうだ。原一男監督の映画『極私的エロス・恋歌1974』に出てくる「東京こむうむ」という七〇年代にあった共同保育の形も知っていた。こういうことを知っていたのは、みんばの存在も大きかった。

山くんが撮った、僕が生まれて二週間ほど経ったころの写真。
映画のチラシのメインビジュアルにも使った

穂子さんは、共同保育人の募集を始める。そのときはまだ妊娠中。鎌倉の駅前で、これから生まれてくる僕の保育人を募集したのだ。

一九九四年五月三日、僕は元気に生まれた。三一〇〇グラムだった。穂子さん二一歳、山くん二三歳のときだった。出産は自宅で、助産師さんと穂子さんの友人が来て手伝ってくれたそうだ。

名前は土。鎌倉・由比ヶ浜の家の前からゴミ置場に行く道が、たまたま道路工事でコンクリートをひっぺがされていたところに穂子さんが遭遇し、土の匂いを嗅いだことがきっかけだった。

やっぱり穂子さんはすごい。「土」という名前を思いついて、そのままつけてしまう。僕にはおそらくできない。この名前、僕は大好きだ。ちなみに山くんは、土だけじゃあんまりだということでひとつ妥協案を出したらしい。「東土」と書いて「とうど」と読ませるそうだ。これは少しクセが強すぎる。

出産の様子を山くんはひたすら写真に収めていた。『極私的エロス・恋歌1974』は山くんも大好きな作品で、原一男自身が付き合っていた彼女の出産を撮影するシーンがあるが、まさしくそれと同じ状況だった。鎌倉のボロい一軒家での自宅出産を収めた写真は白黒だ。

僕が小学四年生のとき、友だちとたまたま僕の家に転がっていた昔のアルバムをふたりで見ることがあった。成長順に貼られたアルバムの一ページ目には、穂子さんが僕を出産するまさにその瞬間、頭が出てくる箇所をなにも隠さずに撮っている山くんの写真があった。猛烈に恥ずかしかったが、僕はなぜか「これはちがう写真だね」と努めて冷静にアルバムを閉じて、ほかのアルバムを引っ張ってきた。

アルバムの一ページ目としては打ってつけだと思うけど、母親の出産シーンを友だちに見られるのは恥ずかしかった。友だちもそれを察して見なかったことにしてくれたが、彼はいまでもあのことを覚えているだろうか。

映画をつくる際あらためてその写真をしっかり見てみると、本当にこれは自分なのかと思った。なんだかつげ義春の世界のようだったから。少なくとも一九九四年には見えなかった。

その写真はとても美しかった。二人ともロックンロールだなと確信した。

鎌倉を出る

子どもが生まれ、三人での生活が始まった。穂子さんは鎌倉で共同保育をやりたがっていた。そこには山くんもいるイメージがあった。だけど、思い描いていた生活は送れなかった。

ベビーカーを押しながら鎌倉駅前でビラを配っても、受け取ってくれる人がほとんどいない。受け取って興味を持ってくれた人たちとも、やりたいことが重ならないことが多かった。お金を積み立ててみんなでベビーシッターを雇おうということになり、どうやらおかしな方向になったと感じた穂子さんはそこから抜けたそうだ。

山くんとの関係も相変わらず悪く、三人でこのまま暮らすのは無理だと日に日に思うようになっていった。山くんとしては三人で暮らすということにこだわりたかった。だけど、穂子さんはちがった。

——鎌倉に短い期間であるとはいえ、山くんと住んでたんだもんね。

うん。

——それは今から振り返るとどうなんすか。愉快な暮らし？

まああんまり愉快じゃなかったね。愉快だったら続けているでしょ。……全然私は自分が尊重されているという気がしないというか、否定されていることのほうが多かった気がするし。まあなんか「自分がこれだけ考えてるのに」っていうDVチックな思考回路っていうかさ。っていうのはあるよ、あったよ今は知らんけど。

映画の中で、僕と穂子さんでこんなやりとりがあった。当時のことを思い出して苦い顔をしながら、言葉を選んでいた。怒りやつらさが、フラッシュバックしたのかもしれない。

穂子さんの口調から、二人の関係は本当に厳しかったんだなと察した。こまごまとしたエピソードはあまり聞いていないが、穂子さんがあんな顔をするのはあまりないことだった。

穂子さんは子どもを連れて、鎌倉を出る決心をした。みんばから、実家で子どもを育てないかという提案もあったという。だけど彼女はそれを断った。子どもと自分と自分の親という一方向の矢印に、またなってしまうと考えたからだ。

そんななかで子どもを育てるのは、穂子さんにとって山くんと一緒に暮らすことと同じだったのだと思う。共同保育について、みんばは特に不安も応援も口にしなかったが、「いまどき、人が集まるかねえ」とは言っていたそうだ。

僕が生まれて八カ月で、穂子さんは鎌倉を離れて東中野に移り住んだ。休学していた写真の専門学校も、九五年の四月から復学した。お金もない状態で、赤子を抱えて。東中野に移住してすぐ、穂子さんと僕はかなり危険な状態だったのかもしれない。

だめ連界隈で出会った人たちが語る穂子さんのエピソードは、ここでは書けないくらいぶっ飛んでいる話が多い。

多摩川での話は、記憶にあった。多摩川の河原にテントを張って暮らしていた穂子さんの友達のところへ、僕と穂子さんが遊びに行ったときだ。飲み過ぎた穂子さんは、酔っぱらいの極地に行き、いつのまにか一人で多摩川に入り対岸へ渡ろうとしていた。それに気付いた僕は、大声をあげて泣いていた。どこか遠いところへ、穂子さんが行ってしまいそうだったから。

いま考えたら、本当に生死に関わることだ。気付いた友人が急いで引き戻したが、その夜の多摩川はよく覚えている。たき火から出る煙の匂い、いいちこの匂い、大人たちにしみついたタバコの匂い。そして冷たい夜の川の水。多摩川をみるとそんなことをいつも思い出す。

笑えない話がかなり多いが、穂子さんはいつも笑っているイメージだった。多くの人にとっての第一印象も、そんな感じだった。ただ、話を聞いた保育人の一人は、はじめて会った穂子さんの印象をこう語った。

最初、土を抱いてきたときは、おれからみると穂子ちゃんは本当に疲れているようにみえたよ。このままだと土を死なせてしまうという危機感みたいなのがすごい伝わってきたな。

沈没家族に人が集まらなかったら。考えると恐ろしい。経済的にもかなり厳しかった穂子さんと生後八カ月の僕の二人。僕も、穂子さんもゆきだおれていたかもしれない。シンプルな話、人が来てくれるというのは、母と赤子にとってとても助かることだった。

そんな暮らしが一年半ほど続いたあと、僕と穂子さんは沈没ハウスでの共同保育、そして共同生活へとうつっていく。

第四章

戦友、めぐ

（土＝2歳半〜8歳）

沈没ハウスでの共同生活が始まったのが、一九九六年の秋のことだ。集まっていた大人たちに話を聞くと、みな同じようなことを言う。沈没家族は、経済的にサバイブするための場所だったということだ。

初期メンバーは、母子二組と単身の若者三人。それぞれ部屋があり、大きさや部屋の向きによって家賃が異なっていた。僕と穂子さんがいた部屋は、一番寒く一番暑い。穂子さんがそこで写真の現像をしたいということもあり、水道もあった。二段ベッドで寝ていると、神田川を渡る総武線の音が聞こえた。

当時、沈没家族を取材した読売新聞の記事によると、家賃は二万八〇〇〇円から五万四〇〇〇円。光熱費は割り勘。集まっていた「ボランティア」は二〇人ほど。住人の入れ替わりもあるから、あくまである時期こうだったということだ。

一階には大きなリビングとトイレ、風呂、キッチンがあり、住人はだいたいそこに集まっていた。駅から歩いて一〇分かからない。新宿にもすぐの東中野で、この値段はなかなかないものだった。

沈没ハウスの日常

連日知らないだれかがお酒を飲みに来る生活はカオスそのものだったが、沈没ハウスの住人とそこにやってくるひとは、その場を工夫してやりくりしようとしていた。

――生活を共にするなかで、同居人とか来たひとに対して不満に感じることはあった？

うーん、加納さんがすごかったね。スーパーの総菜とかのトレイあるじゃん、あれを加納さんはずっと貯めとくのよ。ピクニックのときに使えるからとかいって。しかもそれを公共のスペースに置いとくの。それはかなり抗議したね。

いまなら笑える話だが、「公共の場所」「個人の場所」をしっかり分けて考えるというのが沈没ハウスの生活の一応のルールというか了解だったのだと思う。僕はそんなことも考えず、リビング

東中野、神田川にかかる橋の上で。山くん撮影

でも自分の部屋でも遊びたい放題だった。当時沈没ハウスに一緒に住んでいたひとは、撮影の際、こんなことを言っていた。

あと、今だから土に言いたいんだけど。私が買ってきた牛乳を土が勝手に飲みまくるから、いつも私が補充してたんだよ。それでもいつのまにか冷蔵庫からなくなるし。土がいなくなって、ああ土がたくさん飲んでたんだなって気づいたよ。お金請求したいわ（笑）。

せっかくだから言うけど、風呂から出たあとに土が服着ないで、生のお尻で座布団に座るのがすごくいやだった。当時から、言っていたけど全然やめなかったよね。

申し訳なさとしょうもなさを感じたが、正直まったく覚えていない。反省もできなくて笑ってしまった。

だれかが、牛乳を家に買ってきてくれたり、トイレットペーパーを替えてくれたり、ゴミ出しをしてくれたりしたのだ。カオスな場所でありつつ、その場の魅力を維持するためにそれぞれがやりくりをしていた。そのことは、映画を撮って気付いた。

保育ノートは全部で一〇冊ある。載っているのは、子どもの成長の記録だけではない。光熱費や水道代の領収書が、のりやテープでたくさん貼られていた。その下には、分担の計算式や支払いの期日など、数字がたくさん書き込まれていた。

しのぶさんは三年目を迎えた沈没ハウスの物件の契約更新にあたって、フリーペーパーに文章を書いていた。夜うるさいという近隣からの苦情などもあって、更新の際、不動産屋からかなり注意されたそうだ。

時たま階下から響いてくるリビングでの盛り上がりにひやひやして、「もう少し静かにして」と言いに行ったりした。とはいえ、せっかくの楽しい気分に水をさす役はとっても気が重い。（……）

それで考えちゃったのが、ひっそり暮らして無事契約更新できたとして、じゃあ私はそんなしょぼい沈没に住みたいのかということ。

私は基本的に人の出入りを求めて共同生活を選択しているので、お客さんは嬉しいです。約束した人も、急に来たくなった人も、うちの夕飯が食べたくなった人も遊びに来る人と当日偶然会った人も、来てくれると嬉しい。

でも、心身の調子が悪いとき、忙しいときには、別の日にしてほしいなあと思うときもある。複数で住んでいるからには、誰かしら不調や多忙やもともと来客が苦手なひともいるかもしれない。

けどそこで、訪れること招くことをやめないでなんとか他にも人がいることを念頭に置きながら、思いやりあって交流し続けられたらいいなあ――と思います。せっかく縁があって続いてるんだから。共同生活と交流の両立？　みなさん今後ともよろしくね。

共同生活と交流の両立。幼かった僕にとって、沈没家族は「酒とたばことつまみ」のイメージがとても強かった。その場を維持するためにどうすればいいか、みんなが考えていたことは知らなかった。

王様じゃなくなって

沈没ハウスで生活するようになって大きく変わったのは、同世代の子と一つ屋根の下に暮らすようになったことだった。

しのぶさんの子ども・めぐは、僕の二つ上の女の子。初めは夜遅くになっても家に帰らないのを不思議に思っていたが、どうやらこの家にずっといるということに気づいた。めぐは背が高くて、目がぱっちりしていて、少し大人びていた。

めぐとのことで、なぜだか鮮明に覚えていることがひとつある。いつもの沈没ハウス、一階の大きなリビングに大人が集まって、お酒を飲んでいる。めぐは学校の宿題をしていて、僕もその場にいた。そろそろ上の自室に戻ろうと思ったが、寝る前にふと一発笑いを取ろうと思って、酒宴をしている机の端でノートに向かっていためぐに、お尻を向けてオナラを発射した。

なんの悪気もなかったが、その場の反応は予想外のものだった。めぐは泣き出し、周りの大人たちはタバコをふかしながらその行為を非難しまくった。僕は困惑し、そそくさと三階の自室に帰った。どうしようもなくしょうもない話だが、なぜかこのことを僕はすごく覚えていた。沈没ハウスに移って一番大きかったのは、王様然としていたアパートの「王」ではなくなったということかもしれない。

映画を撮るために多くのひとに出会いなおして毎度びっくりしたことだが、幼い土はとにかくすぐ泣くし暴れるし、同世代の子と比べてもパワーが尋常じゃなかったそうだ。自分の主張を通すために、全身で抗議する姿をみんなよく覚えていた。

アパートでは、遊んでくれる大人たちを選び放題だったし、みんなが土の一挙手

沈没ハウスのリビングで。手前がめぐ、奥が僕。追いかけてるのか追いかけられてるのか分からない。わんぱく

複数の子ども

一投足を酒の肴にしていた。だから、オナラをして面白がってくれると思っていた僕にとって、あの場で非難されたことが強く記憶に残っているのかもしれない。

めぐは、とても落ち着いた女の子だった。駄々をこねて泣き出す姿もあまり記憶がないし、理不尽なことも言わず、フラットに物事を見ることができる子だった。僕が、お茶碗がいつも使っているのとはちがう！と飛び跳ねていたときに、めぐは漫画を描いているひとの原稿を横から覗き込んで面白がっていた。

記憶から都合よく消していた土の傍若無人なエピソードを大人たちから聞くと、ふたつ年上だっためぐは、沈没ハウスでどれだけ冷ややかな目で僕をみていたのだろうと想像してしまい、少し恥ずかしくなった。

だけど、めぐと大きくなってから再会したとき、意外な言葉を聞いた。「自分の思っていることを体中で表現していた土が羨ましかった」いつも落ち着いて見えためぐからそんな言葉を聞くことができるとは、とてもびっくりしたし、こっぱずかしくもなった。

沈没家族は「たくさんの大人に育てられた子ども」というところに注目がいきがちだが、沈没ハウスの生活で大きかったのは、そこに子どもも複数いることだった。当時、血のつながった兄弟もいなかった僕とめぐにとって、同じ家に性格も全然ちがう子どもがいたのは大きなことだった。

育ってきた環境のちがう同世代の子ども。大人よりもずっと近くに、自分とはちがう人間がいることを強く実感できた。保育ノートに書いてあって衝撃だったが、怒りに任せてそこらじゅうに放尿をする子どもを目にしためぐにとっても同じことだったと思う。

沈没ハウスを出てから、めぐとは、映画に出てくるほかのひとよりも多く会っている。小学二年生で家を離れたあと、めぐと再会したのは僕が高校二年生のときだった。場所はしのぶさんの家で、穂子さんと一緒に向かった。そのとき僕は沈没家族に興味も関心もなかった。だから、めぐとどんなことを話したかも覚えていない。そのときの僕にとってめぐは「初めて会う女子大生」だったから、それくらいのことしか話してないし、そもそも言葉をほとんど交わしていない。

二度目は、僕の二〇歳の誕生日。「沈没同窓会」と名付けられた、過去を懐かしむ日だった。沈没家族で育っためぐともう一度会うことを考えると、数週間前からドキドキが止まらなかった。部活のジャージや袖が擦り切れたパーカーを着て大学でもどこでも出歩いてたが、その日だけは普段着ない服を奥から引っ張り出してきた。

あらためてめぐと会ったとき、何を話せばいいのかわからなくて、終始話題が出てこなかった。小中高とめぐが、どんな人生を過ごしていたのか何も知らなかった。

どんな部活をしていたか、身長は何センチか、ポッカリと空いた時間の長さに比べたらどうでもいい質問を、はにかみながら聞いてみた。結局その日もめぐとはうまく喋れなかったが、沈没ハウスでともに過ごしていたときのめぐと同じように、落ち着いて話すひとだという印象は変わらなかった。

あと、うまく話せなかった理由の一つに、シンプルに可愛いということもあった。一五年前、このひとの顔に向けてオナラを発射していたなんて、想像もできなかった。

めぐに出会いなおす

映画を撮ると決めたのは、沈没家族の人たちに出会いなおしたいからだった。めぐの場合は特に、カメラを持って撮影したいという大義名分があることで、二人だけで会う口実をつくることができると思った。彼女の一五年間を少しでも知りたかったし、めぐが沈没家族をどう思っているのか聞きたかった。

しのぶさんからラインを教えてもらい、おそるおそる連絡しためぐは、快く撮影を受

10/29(水)
きょうは、めぐと、カサたての色ぬりをした。
さいしょ、めぐは ドピンクにしてて、
えのぐをいっぱいしぼりだして、ピンクピンク。
それから、ちゃいろをいれたり、みどりをいれたり。
うんこ色にした。
めぐがえのぐをぬっているのをみていた。
おもしろかった。 かの ほこ

ある日の保育ノート。写っているのは、へんな顔の僕とめぐ。めぐは穂子さんを「ホコくん」と呼んでいたけ入れてくれた。場所は東中野。ギターケースを持って現れためぐに少々驚きながらも、それをすぐに聞くこともできずに、沈没ハウスや二人で遊んだ公園を回った。

――けっこう緊張したよ、誘うの。やっぱり久しぶりに会う人を誘うのは緊張する。逆に緊張しなかった？

私はむしろ楽しみというか、久しぶりに会うのはうれしいなと。

映画を観たひとから、あのシーンは付き合う前の男女にしか見えないとよく言われる。画面から飛び出るくらい僕は緊張していたが、めぐに、単純に久しぶりに会えることを楽しみにしていたと言われて、少し悔しい気持ちになった。それでも、沈没家族についてポツリポツリと言葉を交わすことができた。

はじめはそれぞれの立場から、沈没ハウスで体験したエピソードをキャッチボールした。僕が子どもながらに度肝を抜かれたのは、小学二年のころにしのぶさんが、新しいパートナーとの間にできた子どもを沈没ハウスのトイレで出産したこと。そして胎盤をみんなでおろししょうがと醤油で食べていたことだった。

当日の細かい雰囲気ややりとりは覚えていないが、皿に乗った胎盤を笑いながら食べている大人たちの姿は鮮明に覚えている。そのころから僕は水木しげるが大好きだったけど、どん引きしながら妖怪を連想せざるを得なかった。

一方、めぐはこんなことを話した。

みんなが使うからトイレがくさくて汚くてボロかったのが嫌だったな。ねずみも走り回ってたし。あんまり友だちを家に呼びたくなかった。

僕はあまり家の汚さを気にしていなかった。お互いうなずきあうこと、覚えていないこと、覚えているけど共感できないこと。さまざまあったが、エピソードを出し合ってひとつずつ沈没家族を思い返す作業はとても楽しかった。それでようやく僕も緊張が少しずつほぐれてきた。

——沈没は四年間？　五年間？　楽しかった？

楽しかった、と思う。私の人生のなかですごい大きな意味があるというか……親と教師以外の大人にかまってもらえるのは子どもにとって貴重だったと思うし。小さいころだから自分の意見を言語化できなくても、怒られたときに

東中野の公園で三時間くらいめぐにインタビュー、というより会話をした。すぐ近くを総武線が走っていたのでうるさかった

イノくんのとこ行ったら甘やかしてもらえたし、家のなかに親以外の甘えられる場所があったのはすごいよね。

めぐは僕が沈没家族を離れる一年前、沈没ハウスから父親のもとへ移った。高校までは父親と暮らし、卒業と同時にしのぶさんと住みはじめた。覚えているエピソードを一つひとつ相手に投げながら少しずつ記憶をほぐしていく作業は、めぐとしかできないことだった。

この関係は多分誰とも共有できないだろうなと思い、僕はめぐとの関係を「戦友」だと映画のなかで語った。それに対してめぐは家族でもないし、他人でもないし、幼馴染でもないけど一番近いのは家族かなと語ってくれた。

自分が親としてあそこにいたらと考えると、世間の常識を教えなきゃならないのに、家庭環境自体が常識から外れてるってなんか、不安もあり解放感もあり、人類として新しいことやってるって気持ちになるんじゃないかな。

——そんで人類として新しいことやって、その場で育った子どもたちが実験結果どうなったかって、こんな感じだからね。

悪くないんじゃない？

それぞれ異なるお互いの考え方がとても心地よかったのは、めぐがとてもフラットに育った環境を振り返り、沈没家族を「悪くないんじゃない？」と笑いながら話してくれたからだった。

沈没家族についての取材で、そこで育ったことがいまの自分にどんな影響を与えていると思うか、よく聞かれる。特殊な養育環境で育ったのだから、それはとても気になることだろう。

ただ、めぐも僕も、沈没家族で育った期間は人生のうち半分にも満たない。沈没ハウスとは別に過ごしている保育園や小学校という世界もあったし、それぞれ沈没ハウスを離れて血縁のなかだけで暮らしていた時間はとても長い。東中野から離れて僕は八丈島で過ごしていたし、めぐも伊豆に移り、父親と暮らしはじめた。

大きくなった僕たち二人は、沈没家族で育ったことといまの自分を深く結びつけすぎていない。そこが、とても話が合うところだ。沈没家族で育ったことをとても良かった、もしくはとても悪かったの二択でとらえるのではない。めぐと僕にとっては「悪くないんじゃない？」なのだ。

育った環境と今の自分を結びつけすぎるとどこかでつらくなっちゃうよね。沈没家族だけで私はできあがったわけではないっていうのはすごく思う。

泣いて再会を喜ぶでもなく恨み節で語り盛り上がるのでもなく、淡々と話したあの時間は、めぐとしか共有できない大事な時間だった。

めぐは家族に近いと言ったあとに、双子っぽいとも語ってくれた。たしかに、年の差はあれど双子のような感じだ。双子と言いつつ、沈没ハウスにはもう一人子どもがいたわけだが。

もう一人の子ども、ゆっぴ

それが、途中から入ってきた「ゆっぴ」だった。ゆっぴの母は離婚を機に沈没ハウスに入居した。僕が三歳半くらいのころだ。

ゆっぴは僕より三つ下の女の子だった。ハイハイをして遊ぶゆっぴは、沈没家族の大人たちからとても可愛がられていた。妹ができたような感じだった。

映画に彼女は登場しないが、撮影はした。彼女は一八年間東中野近辺に住んでいたが、そこから離れて引っ越すとき、みんなで花見をした。

――ここらへんは一八年？　生活は楽しかった？

うううん、〇歳からここで暮らしてたからなあ。自分で選び取ったわけじゃないしね。よくわからない。

――沈没は楽しかった？

うーん、楽しそうだよね。昔の映像とかみると踊りまくってるし。でもそれが普通だったからなあ。

三歳年下でかつ久しぶりに会ったから、舐めてかかってなんだか簡単な質問ばかりしてる自分がださくなった。自分の想像を超えて、ゆっぴはおとなになっていた。

ゆっぴは満開の桜の下、ブルーシートに座って豚汁をすすりながら、ひとつひと

沈没ハウスの屋上で七五三の撮影。左から、僕、めぐ、ゆっぴ。おそらく意味も分からず、中指を立てている。記憶なし

つ丁寧に話してくれた。けらけら笑いながら明るく話してくれたが、言葉はすべて重かった。

――沈没家族で育ったことで、いまの自分になにか影響してることってあると思う？

うーん、変なひとがたくさんいたじゃないですか。普通のまともな家庭に育っていたら変なひとがいるってことを知らなかったと思う。

――それってなんか影響してると思う？

視野が広がったよね。なんか自分にとっては映画みるとか、本読むとかそんな感じ。ああこんなひとたちもいるんだなって思ったし、それっていいことじゃないですか。

終始笑いながら話していたゆっぴの姿が印象的だった。映画や本でしか会えないようなひとが、沈没家族にはいた。ただ、それはゆっぴにとっても僕にとっても、めぐにとっても普通のことだった。

――ああいう環境で育ったけど、今自分は社会にうまく適応できてないって思う？

いや、それはない。自分はすごく普通に育っている。周りからは精神年齢高いとかドライとか言われるけど。

ゆっぴは沈没家族の子どものなかでも、いちばん長い時間をそこで過ごした。小学五年まであの場にいたゆっぴは、大人たちのあいだでもアイドル的な存在だった。住人が撮影したビデオにも、カメラに向かって保育園でやったダンスを愛想よく踊り、注目を浴びるゆっぴの姿がたくさん残っている。そんな彼女でも、自分は普通だよと言っているのが面白かった。

ゆっぴは、当時の僕にとってはライバルでもあった。当時は母子三組が住んでいたので、だれかの母親が夜仕事に行ったときは、ほかの親たちがまとめて子どもの分の食事をつくることがほとんどだった。僕がめぐとしのぶさんと三人でご飯を食べることもたくさんあった。穂子さんが、僕の二つ下のゆっぴとご飯を食べることもたくさんあった。

沈没ハウスでの生活について記憶があるのは、小学校に入ってからだ。ただ、沈没家族には大量のアーカイブがある。写真や保育ノート、撮影されたビデオなどを見返すと、思い出される記憶もある。だから、もともとあった記憶なのか、写真を見返してそういえばと思い出したものなのか分からなくなることが多い。

ゆっぴに対してヤキモチを焼いていたというエピソードは、保育ノートにもよく出てくる。僕の記憶にもある。一階の大きなリビングで穂子さんがゆっぴに絵本を読んでいたり一緒にご飯を食べていたりしたら、居ても立ってもいられなくなって、そのあいだに入ってもう寝る時間だろうと邪魔をしたりしていた。穂子さんとゆっぴが遊んでいることが、たまらなく不快だったのだ。

ヤキモチの対象は、いつも穂子さんだった。よその家とちがって遊び相手がだれかしらいたし、たまごさんやイノウエくんなどお気に入りのひともたくさんいた。なぜ穂子さんに執着したのかいまでも考える。

ゆっぴがいなくても、穂子さんがある一定の時間以上僕の前からいなくなると「ママがいいの」と泣き出す。そんなことも保育ノートにも載っている。

カメラを持って会いに行ったときも、僕の穂子さんへの執着について、たくさんのひとが話していた。沈没ハウスで一緒に住んでいた藤枝さんと佐藤くんは、こんなことを言っていた。

——おれとほかの保育人の関係とおれと母の関係はあきらかにちがうと思った？

うん、それはすごい思った。特に土はお母さんへの執着が強めだったとも思う。表に出さないだけで、そこは全員そうだと思ってた。ママの茶碗だから使わないでねってのがあったし、保育入ってても「ママー！」って泣き出したりもしたから。やっぱりママが一番で、私は近所のおばさんなんだってのはすごい実感してた。

特別枠

「知らないオトナに育てられ、結果、ボクはスクスク育った」

映画のキャッチコピーだが、沈没ハウスでの生活を振り返ると、穂子さんは特別枠だった。「母」であるということを認識していたからでもなく、「ママ」と呼んでいたからでもなく、穂子さんにはずっと一緒にいてほしいという感覚がたしかにあった。

周りの大人たちも、穂子さん自身も、だれが親であるかを必要以上に僕に示すことはなかった。本来、穂子さんが来るはずの授業参観にも、沈没家族の大人たちがたくさん来ていた。穂子さんが特別扱いなのは、ひよこが初めて見たものを親だと思うのと一緒なのだろうか？

いまでもはっきりとしたことは分からないのだけど、保育ノートにあった子どもとの関わり方を考える会議でのやりとりは心に残っている。

穂子　この前土を映画に行こうってさそって、駅まで行ったら土が「おうちに帰りたいー」って言いはって結局行けなくてさーすごいがっくりきた。

あ　ホコちゃん、そこで帰るじゃん。おれはそれでも行くよ。

穂子　でもそういうときの土の暴れ方って本当にすごいし、普段ゆっくり土とすごす時間がないのにムリヤリつれていくのは土に悪い気がするよ。

あ　今日はたっかそうな花ビンを両手にもって階段をおりてきたじゃん。おれはひやひやしながらみてたんだよね。ああいうのは、これはこの家の大事なもので割れちゃうものだから土が持つものじゃないっていうのを言っていったほうが……。

たまご　あんなん、土は昨日コップ一個割っているんだし、これは君には持たせられないって話し方もできる。

穂子　でも、とりあげんのも大騒ぎで大変だよ。

あ　ホコちゃん、いい意味悪い意味ですごく土を尊重しすぎているんだよね。三歳の子と対等であろうとするから、双方ぐったりするんじゃない？

穂子　たしかに他の人にも「選択の余地がありすぎるとかえってコドモがつらいと思う」と言われたことがある。あと「しからないのも虐待だ」とも他の人に言われたことがある。

矢口　わたしもそう思うよ。しかってくれる人がいないってのは不幸だよ。社会にはめるはめないとかとはまた別に、だと思うんだよね。悪いことしたときには、しかられて反省して立ち直るプロセスが必要だとおもうんだよね。

月一回の保育会議。家賃の分担や水道光熱費の割り方についてみんなで話し合うなかで、子どもとの接し方についてもみんなで思っていることを共有する。皆がフラットな立場だが、やっぱり穂子さんとほかの保育人は立ち位置がどこかちがう気がする。酒を飲んで終電を逃して家に帰ってこなくても、彼女のなかに土は絶対いたのだと思う。

この会議の様子が載っているフリーペーパーの編集後記には、参加者の一人がこんなことを書いていた。

ふうう疲れた。今号の座談会はかなり濃密度高めな回でした。えーとね。感想としてはノートにも書いたと思うんですけど愛ですね。愛をかんじましたよ。ほこさんの土に対するね。

穂子さんが特別だなと強く感じたのは、僕と穂子さんが沈没ハウスを離れるときだった。小学二年のとき、僕と穂子さんの二人で屋久島まで旅した。そのあと、コンクリートジャングル東中野に疲れを感じた穂子さんは、引っ越しを考え始めたそうだ。

僕の体も大きくなってきたし、共同保育の必要がなくなったことも理由の一つにあった。オムツを替えてもらわなくてもいいし、学校が終わったあとは学童クラブへ行って友だちと遊んでいた。

もう一つ、穂子さんが映画の中では語っていない理由がある。あの時期、沈没家族はテレビ、新聞、雑誌にもとりあげられ少しだけ話題になっていた。そんなとき、外から見る人間にとって穂子さんは「沈没家族の象徴」であり、実験的な共同保育の形のアイコンだった。穂子さんが、自分一人が祭り上げられることに違和感を覚え始めたのがそのころだった。

穂子さんにとって沈没家族は運動ではなく、あくまで生活だった。沈没家族の大人たちで共有された思想的なゴールはない。パンフレットに寄稿してくれたしのぶさんの言葉を借りるなら、あるのは「心の波や、行儀良くない振る舞いや寝癖や二日酔い」だった。子どもも大人もより楽に生きられるほうを、そのときそのときで選んでいた。

僕にも、思い当たることがある。高校時代、沈没家族に興味もなく記憶も薄れていたころは、彼ら一人ひとりをひっくるめて「保育人」という役割に押し込んで見ていた。だからこそ、ポロッと漏らした穂子さんの八丈島行きのもうひとつの理由は、自分に言っているようでとても説得力があった。

はじめ、穂子さんは少しでも自然のある西国立で新たにシェアハウスを始めるべく模索していたが、決定直前でそれが白紙に戻った。そんなある日、洗濯物を干しているときにハンカチが目に留まった。僕と穂子さんが伊豆大島に旅行したときお土産として買ったもので、小学校で給食を食べるときにいつも机に敷いていたハンカチだ。伊豆諸島の地図が描いてある。穂子さんの目に留まったのは、そのなかの八丈島の地図と、温泉と海とバナナの木のイラストだった。

西国立がおじゃんになって穂子さんはやけくそになっていたが、そんなとき、あのハンカチを見て「遠心力が働いた」のだそうだ。それから三カ月後には、僕は島流しの船に乗せられていたのだから、穂子さんのいう「遠心力」はすごい。よほどの力が働いたのだろう。

僕はとにかく、離れるのが嫌だった。小学校の友だちもいたし、学童の友だちもいた。何より、一緒に暮らしてきたひとたちと離れるのが嫌だった。持ち前のぐずりで僕は穂子さんに抗議していたが、次第にそれも諦めた。

映画を公開する過程で聞いた話だが、僕はそのとき、一人の大人に「ママがあそこまで言ってるんだから無理だよ」と漏らしたらしい。我ながら状況をすぐ理解してえらいと、笑ってしまった。まだ見ぬ島での生活にワクワクしている穂子さんに、何を言っても無駄だった。

いま振り返ると穂子さんを一番恨んでいたのはそのときだったが、映画を観たお客さんから意外な質問が来てハッとしたことがある。「土くんを沈没ハウスに置いて、穂子さんだけ八丈島にいくという選択肢はなかったのですか？」僕だけ沈没ハウスに残って、しのぶさんやほかの大人たちに育ててもらう。それは僕の頭にまったくない選択肢だったから、びっくりしてしまった。

可能性としてはありえなくもないことだが、それがまったく浮かばないくらい、僕にとって穂子さんは特別枠だった。八丈島に行くのは、従わなければいけないことのように感じていた。自分だけ残ると僕が思いついていたら、どうなっていたんだろうとよく考える。子どもは親に従わないといけない。生まれる家も親の収入も職業も、住む土地も。

あのとき、僕は従わなくてもよかったのかもしれない。ただ、小学二年生の僕にはそんなことを考える余裕もなかった。ただただ悲しみに暮れていた。

沈没での最後の日に送別会が開かれ、大人たちは「思い出のアルバム」を歌いながら、いつものように酒を飲んでいた。ビデオはパンして、そこには入らずリビングの奥のほうで布団にくるまっている僕を映していたが、あれが最後のささやかな反抗だったのかもしれない。

五年間暮らした沈没ハウスを離れるとき、僕は空元気で、ビデオを回している藤枝さんに向けて精一杯おどけて見せた。

明日から八丈島で生活だよ。

「沈没最高！」とカメラに向かっておどけたあとに、「ちゃんと撮った？」って聞いてくるのが泣ける。不安だったろうなあ、土

そうだよ。

余裕？

サッカーやるよ。沈没サイコー！　撮った？　撮ったよな!?

小学二年生になった僕に保育はもう必要ないよと背伸びして告げているみたいだった。この悲しい瞬間をちゃんと撮ってるか確認している姿も切ない。映画づくりを通してさまざまな資料と出会い、驚き笑ってきたが、このビデオを見たときは一番涙が出た。

東中野駅に向かう大荷物をしょった穂子さんと、最後まで手を振っている僕の姿を見て、カメラを回している藤枝さんも涙を流していた。

沈没家族、そして東中野と別れた僕は、穂子さんと二人で船に乗り込み、新たな土地へ向かった。

第五章

八丈島

（土＝8歳～18歳）

東中野を離れて八丈島に引っ越したのは、小学二年生の終わりの春休み。八歳のときだった。そのとき穂子さんは二九歳。穂子さんは東中野では水道検針員、障がい者介助、卒業式の記念写真の撮影などさまざまな仕事をしていたが、正規雇用の仕事には一度も就いたことがなかった。

かつて罪人の流刑地でもあった八丈島は、本土から南へおよそ三〇〇キロのところに位置する。黒潮を乗り越えた先にあるこの島は、品川ナンバーの車が走る東京都だが、僕がこれまで過ごしてきた大久保通りの雑多な雰囲気や、高層ビルの立ち並ぶ新宿とはまったくちがう土地だった。

穂子さんは「遠心力」で八丈島を選んだと話していたがそのとおりで、知り合いも親戚も仕事のあてもない状態での移住だった。それは子どもの僕からしてもヤバい、まさに島流しだった。

沈没ハウスを離れ夜の船に乗るとき、藤枝さんが向けたカメラの前でおどけた僕は、次の日の朝、島に流れ着いた。予定していた港ではなく島の反対側に降り立った僕と穂子さんは、土地勘もないから、新居まで車で一五分かかるところを二人きりで歩いた。

ファミリーマートも、マクドナルドもなかった。港からの坂道を言葉も交わさず歩いた。

次第に強い雨が降りはじめて、僕はこの島に、そしてこれからの生活に絶望して泣き出した。しかし穂子さんはニコニコしながら、雨に打たれ涙を流す僕を写真に収めていた。「ああ、この人についていくとこうなるんだ」そのとき、僕はなぜか泣きながら達観した。

いまでも鮮明に覚えている。八丈島で迎えた成人式に代表として島のお偉いさんの前で僕がこの話をしたときは大爆笑を取れたが、八歳の僕にとっては大きな人生の分岐点だった。

一人で人生ゲーム

転入した八丈島の小学校では、いじめに遭った。登校初日、クラス替えの名簿が掲示されていた玄関で、「土」という名前が話題に上がるのはどうしようもないことだった。そもそも「浅沼」と「菊池」と「沖山」で七割くらいのシェアを占める。加納という名字すら珍しかった。

同級生は皆ほとんど保育園から同じメンバーで、都会からやってきた転入生への風当たりは強かった。なによりビジュアルがまずかった。経済水準がとても低い母子家庭。お世辞にも小綺麗とは言えないつぎはぎのズボンを履いていた僕には、いじめる要素があまりにも多かった。

東中野にいるときは、学校が終わったら学童に行って友だちと遊び、夕方になったら家に帰り、沈没ハウスでそこにいる誰かと遊ぶ生活だった。自分から求めずとも、常に誰かが近くにいる環境がそこにはあった。八丈島では友だちもいなかったので、学校が終わるとそそくさと家に帰り、一人で人生ゲームをしていた。

沈没ハウスで最後にはまったのが、人生ゲームだった。結婚とか昇給とか家を買うとか、あまり縁がなさそうな大人たちと僕は、その意味もわからずに人生の成功を目指して連夜人生ゲームをしていた。だから島に行く日も、あんなにかさばるものを大事に抱えて持って行った。クラスメイトから無視され、学校から帰って誰もいないガランとした家で一人でルーレットを回し、一人で職業を選び、一人で億万長者になる。いま思い返すと胸が痛くなるくらい切ない。

二人きりの暮らし

八丈島で最初に住んだ家は家賃五万で、一年後にすぐ隣の家賃二万円の家に引っ越した。初めは、仕事のあてもなく生活は厳しかった。そのうち穂子さんは、寿司屋と焼肉屋でバイトを始めた。夜も家にいないことがほとんどだったので、テレビを一人で黙って見る時間も増えた。家に帰っても誰もいない生活になったことのほうが、海を越えた亜熱帯の土地にやってきたことよりも大きな変化だった。

沈没ハウスでは、たくさんの大人が家にいた。大人たちは保育を目的に来ているひとばかりでもなかった。子どもと触れ合う余裕がない人もいた。

僕はあの場でいつも誰かに相手をしてほしかったわけでもない。好きなひとも苦手なひともいた。いつも遊んでもらってるけど、今日は余裕がなさそうなひと、接し方がわからなくて少し距離を置きたいひと、逆に僕は一人でアニメを観たいのだけど、それをわからず話しかけてくるひとなど、さまざま。

家のなかにあった声や匂い、笑顔や泣き顔。それを感じたときに、沈没ハウスにいると感じることができたのかもしれない。また吐いてるよとか、何を一人で考えてるんだろうとか、足が臭いなあとか。決して僕のほうを向いていない彼らの一つひとつの、呆れることや驚くことや笑えることがあって、自分はここにいるんだと実感することができた。

沈没家族で世界にはさまざまなひとがいることを知った。と同時に、そのなかで

八丈島に引っ越してからは、島内で二回引っ越しをした。この家は、床も抜けてなくて一番しっかりした家

自分は何を選択するか求められていたようにも思う。だからこそ、選択する自分がいつもいた。僕は暴れん坊で自分の意思を通すためにわめきまくっていたが、それも自分がいたからだった。

八丈島での暮らしでは、それがなかった。穂子さんと二人での暮らしは、家のなかに逃げ場がないし、価値観が一つしかなかった。怒られても、ほかのひとのところに行けば甘やかしてくれる沈没ハウスとはちがう。もしかしたら、多くの母子家庭に共通して悩ましいことかもしれない。

穂子さんとの二人暮らしになって、「自分」が必要なくなった。彼女の言うことを聞いていればいいというふうに変わっていった。

撮影の際、一緒に暮らしていた大人たちに会いに行くとき、いまの自分がどう思われるか緊張していた。映画ではカットしたが、よく遊んでいた庵長は、名古屋の家に泊まって酒を飲みながらインタビューしたときに、こんなことを言っていた。

土はさあ、あんなとこで育った変態のサラブレッドなのに、ふつうに大きくなっちゃってるなあ。ダメだよそれじゃ。

もちろん冗談半分ではあるが、悔しかった。ほかにも「落ち着いてる」とか「優等生」とかなんとか言われた。記憶のかなたにある、「暴れん坊」の土がいなくなってしまったのは、八丈島の引っ越しがきっかけだったのだと思う。「変態のサラブレッド」の血筋は、穂子さんとの二人暮らしで自分がいなくなったときに途絶えてしまったのだろうか。

八丈島での生活が始まって半年が経ったころ、いじめは徐々に収まっていった。僕のなかでは思い出したくもないことだったので、いじめが収まった理由がなんなのかも覚えていない。

いつも学校から帰って家で人生ゲームをしていた僕は、サッカーをやらないかと誘われたとき、「サッカーに行ってくる」と置き手紙を家に残した。初めて友だちとドキドキしながら遊んで家に帰ったら、穂子さんが大喜びしていた。いじめられていることは相談できなかったが、穂子さんも心配に思っていたのだろう。家に帰ったら土がいないということが初めてで、それがうれしかったのだと思う。

その日をきっかけにして、僕は友だちと遊ぶようになった。

別の光景

「島の子ども」と聞いて、どんなことを思い浮かべるだろうか？　八丈島に住んでいたことを話すと、子どもたちは海で泳ぎまわり、半袖半ズボンで虫取りに走り、いつも鼻水を垂らしているようなイメージを持つひとが多いようだ。

大自然に囲まれた八丈島だが、実は、インドアな子どもも多い。インターネットはつながるし、ゲーム機だってネットで買える。僕も同じように室内で遊ぶことが多かった。

穂子さんはゲーム機なんて買い与える余裕もないし、バカになると思っていた。だから僕は、友だちの家に学校終わりによく行っていた。東中野では学校が終わると学童に直行して漫画を読んだり、ドッジボールをしていた。だれかの家に遊びに行くのは初めての体験だった。

僕がよく行く友だちの家は一軒家で、両親とも公務員だったから、昼から夕方にかけては家に子どもしかいなかった。友だちは鍵を持ち歩いていた。家には冷えたご飯が置いてあり、お菓子も常にストックされていた。その家はいつも静かで、まるで世界に僕と友だちしかいないように感じられた。

それは沈没ハウスとはまるで別の光景だった。家に帰ったら、平日の昼間でも大人がリビングで寝ている。トイレはいつも汚くて、酒のつまみはあってもお菓子はあまり見当たらない。もしかしたら、僕のいた場所はとても珍しいものだったのではないかと気づいたのは、このころだ。八歳の自分にとって衝撃というのではなく、フッと気づいてしまったことだった。

東中野にいたころも、沈没家族と社会がつながるときはたくさんあった。保育園のお迎えに穂子さんが行けないときは、大人たちが代わりに行くことが多かった。

穂子さんと保育士さんのあいだでつけていた連絡ノートにも、よその家庭にはないような内容が書いてあった。「今日、髪の長いイノウエくんがお迎えに行きます」「今日はバタイユが行きます」「同居人と伊豆に行くので休みます」

「ママ」「パパ」と呼ぶひとが迎えに来ているなか、誰一人背広を着ていない大人たちが代わるがわるお迎えにくることを僕はどう思っていたのか。覚えていない。それでも連絡ノートには、「土くんの家はたくさんひとがいて楽しそうだね」と友だちに言われて、僕が「うん、楽しいよ」と返したことが書いてあった。

五、六歳の僕は、自分の家が普通とは少しちがうことを特に気にしていなかった。むしろ、甘えられるひとがたくさんいることは自慢だった。運動会に行って親子綱引きをしても、僕のいるチームは五人とか一〇人とか「親」がいたから、強かった。ブルーシートを広げても、お花見に来ているんじゃないかというくらい大きくて、その大きさに優越感を感じていた。

だけど、子どもの心はすぐに移り変わっていく。

やぎを車に連れて行こうとする穂子さん。毎日のルーティン

過剰な適応

僕が次にぶちあたったのは、小学校という社会だった。起立、気をつけ、礼をする。忘れ物をしてはいけない。宿題は次の日までにやる。できた子はほめられ、できないと叱られる。規律と集団性を求められる小学校という場は、戸惑いの連続だった。沈没ハウスで繰り広げられる生活に「規律」という言葉は似合わなかった。朝起きると、リビングで寝ている大人が僕のランドセルを枕にして寝ていたことがあった。子どもの僕からしたら、家のなかで沈没しているひとたちはいつもどおりの光景で（保育ノートでは、沈没ハウスに遊びに来たひとのことを「来沈のひと」と書いていた）、そのときもランドセルを引き抜いて学校に行った。

あまりにも世界のちがうこの二つの場を往復した結果、僕はクラスで超がつくほどの優等生になっていた。先生からの言葉には、「親御さんの育て方が素晴らしいのですね」と書いてあった。もちろん親御さんは関係ない。

家に帰って、僕は何をするよりもまず宿題をしていた。明日の自分に向けて絶対に忘れ物をしないために「土へ　明日リコーダー持って行く　土より」と書いた手紙も写真に残っている。次の日眠くならないように寝る時間も自分で決めていたし、そこから逆算して五分単位でトイレに行く、歯を磨くということも自分で決めていた。病的なくらいで怖くなる。何が土を、そのときそうさせたんだろうか？

振り返ると、それは僕の持って生まれたパーソナリティではなく、沈没ハウスと学校を往復した生活があったからだと思う。子どもの僕にとって、学校は初めて規律が求められた場所だった。そこに過剰に適応しようとしたのだ。それはどこかで歪みを生むことにもなった。

鶏小屋

僕と穂子さんは、東中野にいるときからよく二人で旅をしていた。テントを担いで、ヒッチハイクで沖縄を目指したこともあった。僕が保育園の年長のときには、インドに一カ月旅をした。大学生になったとき、僕も一人でインドに行き、子どものときと同じルートでインドを回った。トラブル続きで、「子連れで行くなんて無理だろ」と思ったけど、穂子さんによれば、子どもを連れていることで、逆にみんなが優しくしてくれたそうだ。

そんな旅好きな穂子さんに連れられて、小学校二年生の夏休みには、二人で屋久島まで旅をした。二学期の始業式は迫っていたが、穂子さんは旅をやめようとせず、結局東中野に帰って来たのは九月初旬だった。そこから僕は学校に行けなくなった。始業式に出ないのは恥ずべきことだと思った。一〇日も遅れて登校するのはとても気が引けた。東中野の学校では友だちもたくさんいて、僕はクラスの中心だった。だからこそ、友だちに顔を合わすことができなかった。学校の先生も来ないことを不思議に思っていたが、それも無理はない。結局僕は一カ月学校に行けなかった。

ただ、僕はそのときも、沈没家族で育ったことを引け目に感じることはなかった。家には変わらず、僕の大好きなひとがいた。沈没家族を否定することは、そのひとたちを否定することにつながる気がした。

東中野にいるときは、その環境が珍しいものだと思っていなかった。こんな家で育っている子どもはほかにもいると思ったし、みんな家と学校の往復は大変なんだろうなと思っていた。

八丈島の友だちの家に遊びに行ったのが、初めて沈没家族が普通じゃないことに気づいた瞬間だった。なんだかいままでのことにすべて辻褄が合う気がして、答え合わせをしている感じだった。

八丈島で穂子さんと二人で暮らすことが普通なことなんだと思ったとき、なんだかすべての諦めがついた感じだった。だから、穂子さんに怒られたとき、二階に甘えられる人がいなくても、つらくは感じなかった。

何より穂子さんとの八丈島での共同生活は、そんな繊細な八歳の感情をぶっ飛ばすほど刺激に満ちあふれていた。日曜は穂子さんと二人で釣りに出かけ、その成果がそのまま夕飯の充実度に直結した。廃墟になったホテルから漫画を持ち出して警察に注意されたこともあった。

引っ越した家は超ボロ家で、前まで風俗店として使われていた物件だった。家の床の半分はシロアリに食われ、丸ごとなかった。これがほんとの沈没ハウスだと、穂子さんはケラケラ笑っていた。

天井にも穴がいたるところに空いていたので、猫が夜中に落ちることはしょっちゅうだった。ニワトリを飼いだしたら、扉や玄関から室内に入ってきてフンを撒き散らしていた。初めは器用にそこを踏まないように歩いていたが、鶏が家に入ってきてるのか僕らが鶏小屋に入っているのかわからなくなって、それも諦めた。朝起きたら、枕元で鶏が卵を産んでいたときの衝撃は忘れられない。

台風でお風呂の屋根が飛ばされ庭に落ちたときは、一カ月露天風呂を楽しめた。もともと風俗店だったから、湯船はハート型だった。燃費が悪いからなのか、ハートを縦に半分コンクリで埋めていたのもよく覚えている。「風俗」というものを八歳の僕は知らなかったので、なんて入りづらい形の風呂なんだろうといつも不満だった。

八丈島での穂子さんとのエピソードは、あげればキリがない。怒濤のような日々を過ごしているうちに、沈没家族は次第に記憶の彼方へと去ってしまった。頼れる人は穂子さんしかいなくなったが、その一人がとにかくぶっ飛んでいた。いつでもポジティブにその場を楽しんでいた穂子さんには、謎の安心感があった。

穂子さんとの生活は、僕が高校を卒業するまで続いた。穂子さんは学童の指導員や、ホームヘルパーとしてお年寄りの介護をする、ひとと関わる仕事を始めた。

もちろん、歳を重ねていくなかで、僕にも思春期はあった。無性にイライラして穂子さんに当たることもあったし、リアル万引き家族のような貧しさに嫌気を感じることもあった。それでも、自分の家庭環境を友だちと比べて、恥ずかしく思ったりすることはあまりなかった気がする。

島という環境は保守的と思われがちだが、こと家族に関しては、同級生にも外国にルーツがある子や母子家庭・父子家庭の子がけっこういたし、「わけあり」な家族はそこまで珍しくなかったと思う。

穂子さんは、掃除もせずそのままの状態で友だちを家に呼ぶのは気が引けると話していたが、僕の場合、あまりそれはなかった。廃墟を探検する感覚だったかもしれないが、家に友だちはよく来ていたし、庭で鶏をしめて窓ガラスに血が飛び散る様子をみんなで見て盛り上がった記憶もある。初めはいじめられていたが、やがてへんてこな家である「土ん家」をそのまま受け入れてくれた。

沈没ハウスの住人・藤枝さんが撮ったビデオに小学五、六年生のころの僕が映っている。おそらく上京したときに、穂子さんと一緒に沈没ハウスに遊びに行ったときの映像だ。リビングで大人たちから「でかくなったな」と口々に言われていたが、僕はシャイボーイな感じで大人たちとのコミュニケーションを恥ずかしがっていた。

この場所はもう自分の帰る場所ではない。そのときの僕は、そんなことを思っていたのだと思う。そもそもこの時期に沈没ハウスに行ったことすら覚えていなかった。小中高とサッカーの楽しさを知って打ち込み、だれかを好きになっては失恋してを繰り返しているうちに、沈没家族の記憶はどんどん薄れていった。

えっさほいさ　おっかさん

八丈島では、高校を卒業するとほとんどが東京に行く。三月、一人また一人と飛行機に乗って島を離れていくのが、とても寂しかった。自分が島を離れるときも、新生活への期待より、まだまだこの島でみんなと遊んでいたいという気持ちのほう

高校卒業後、島を出る日。家の前で。サッカーやりまくってたので、いまより二〇キロ痩せている。かっこいい

が強かった。

八丈島は今では、僕にとってまぎれもないふるさとになっている。島の友だちとは深い付き合いがあるし、温泉や焼酎や透き通る海はかけがえのないものだ。『沈没家族　劇場版』で音楽をつくってくれたMONO NO AWAREのボーカル・玉置周啓くんとギターの加藤成順くんは、高校の一つ上の先輩だった。穂子さんに巻き込まれて島流しにあっていなかったら、彼らとも出会うことはなかった。

周啓くんには、ソロ名義で映画の挿入歌も作ってもらった。その一つが「えっさほいさ　おっかさん」だ。映画では、船に乗って東京湾を離れるときにこの音楽を使った。八丈島に引っ越すときの僕の不安と穂子さんのワクワクした気持ちを乗せながら、どんぶらこ八丈島に流される状況を曲にしてほしいとお願いした。

僕は帰れるだろうか　帰れるだろうか　僕のお家へ
あなたはどこいくだろうか　どこいくだろうか　ゆらりゆらりと
夜風が冷たい　あなたは星をみてる　どうかこのままでいて　二人は仲良し
僕は忘れるだろうか　忘れるもんか　あの日この日を
あなたはどこいくだろうか　またいくだろうか　えっさほいさ　どっかさ

初めて聴いたとき、最高だと思った。沈没ハウスを離れる寂しさと、穂子さんに従うしかない僕の気持ち。それをよそに新しい土地への期待に向けて突き進む穂子さんの気持ちが、ゆったりとしたメロディも相まって、よく表れてると思った。

初めて穂子さんにも映画を観てもらったあと、意外なことを知った。MONO NO AWAREが八丈島で凱旋ライブをしたとき、穂子さんも観に行った。終わったあと周啓くんを見つけ、挿入歌の話から「なんで、あのときの私の気持ちがわかったの？　私も八丈島にいくとき、すごく不安だった」と話したそうだ。そのやりとりを周啓くんから聞いたとき、僕はびっくりした。

穂子さんは、いつも怖いもの知らずで強いひとのように見えていた。島に行くときも移り住んでからも、彼女はいつもポジティブだったように見えた。でもそれはちがった。劇中で、穂子さんは八丈島行きについてこう語っている。

生きてるかどうかよくわからないのに生きてるのも大変じゃないですか。まあ、自分の希望をつなぐためにやってるんですよ。生きていくための。そうでもしないとやってらんねえぜ、みたいな。生きてること自体がどんどんつらくなっちゃうから。なんか、こう。足がかりを見つけないと。

八丈島行きに不安があったとは知らなかった。彼女の不安に気づかなかった僕は自分がダサいなあと思ったし、それを知らず知らずに曲に込めている周啓くんに悔しさを覚えた。

フリーペーパーの最終号、つまり僕と穂子さんが八丈島に引っ越す前の号、穂子さんへのインタビューはこんな感じだった。

　八丈島。ほいさっさひょっこりひょうたん島へ、そうですす住むのです四月から。なんだかまだあまり実感はないのですが、とりあえず気持ちはすっきりしました。この半年くらいの間引っ越しのことをいろいろ考えて、動いて、でもいろいろあって決まらなくなって頭のなかでうずがまいてたんだけど、それがだんだんいろんなものをはじきとばしたり巻き込んだりしながら大きく大きくなっていってある日、遠心力で〝八丈島〟へ気持ちがぽーんと飛んでいった。ひょうたんからコマ？みたいな。

　こないだ土も一緒に八丈島に行って今度住む家に泊まって大騒動でみなさんに手伝ってもらってコンテナ荷物はもう島に渡ったし、で、暮らすんだなーここで、という実感もでてきたとこなのですが、そうね、息がひゅっとつまる様な不安な気持ちになる風がヒュッとね、心に吹いてくることもあったけどじわじわわきでてくる高揚感、みわたすかぎり水平線みたいな船のデッキにいるときのようなドキドキワクワクする感じが八丈島へ行くぞと決めてからあるのです。

卒業制作版を京都の国際映画祭で上映した際には、ロシア人の女性監督から穂子さんがとにかくストロングだという感想をもらった。僕もストロングだと思っていた。

でも、彼女の中にある不安を知ったとき、ずっと身近に彼女を感じることができた。「生きている感じ」に対してずっと真面目だった彼女の中にある苦闘や葛藤は、特別なものでもなく僕も感じていたのとそう変わりないことがわかったからだ。

第六章

父・山くん

（土＝腹の出た20代）

東中野の沈没家族、八丈島に引っ越してから高校卒業までの生活でもずっと、僕は母・穂子さんと生き抜いてきた。

そのなかには、父親と過ごした時間もある。父は、いまでも父親とは思えないけど、ずっと「特別枠」のおじさんだった。物心ついたときからずっと「山くん」と呼んでいる。

山くんは、沈没家族の外にいた。かれを語ることで、沈没家族がどういうものか、よりよくわかるような気がした。映画でも、山くんに会いに行ったシーンが一番印象的だったという人はとても多い。

沈没家族の外で

山くんこと山村克嘉《かつよし》は、一九七〇年三重県に生まれた。穂子さんの二つ年上ということになる。父親がいて、母親がいて、弟がいてという生活だったが、小学五年生のころに始まった裁判の末に両親が離婚した。家庭裁判所に行ったのを、いまでもよく覚えているそうだ。その後は、祖母と母の手で育てられた。

中学のときから写真、映画、アートに興味をもち、東京への憧れが強かった。原一男監督の映画も（穂子さんも好きだった）、高校のとき夜行列車でわざわざ東京まで観に行ったそうだ。

僕が小学生のころ、山くんの実家に何回か行ったことがある。みんばと同じように、いつもとても甘やかしてくれた。お年玉の額が明らかに多かったから、いつもこのひとは何者なんだと驚いていた。山くんのお母さんは、アパートや居酒屋を経営していた。

山くんは高校卒業後、大学を中退。写真の専門学校に入学し、そこで穂子さんと出会う。キャンパスの近くに家を借り、穂子さんもよく遊びに来るようになった。山くんの汚いアパートに、穂子さんが勝手に来て寝ていることも多かったそうだ。

やがて二人は鎌倉に引っ越し、僕が生まれた。山くんは鎌倉で、穂子さんと僕と三人で暮らしていたが、僕が生後八カ月のときに穂子さんと僕は東中野に移り住んだ。山くんはその後も鎌倉に一人で住んでいたが、しばらくして中央線の荻窪に移った。主に、身体障がい者介助の仕事をしていた。

鎌倉で。山くんと僕

鎌倉での生活を振り返るために、僕と穂子さんは三人で暮らしていた家があった場所に向かった。穂子さんは撮影をめんどくさがりながらも、特急電車のなかでいつものように酎ハイをぐびぐび飲んで小旅行を楽しんでいた。江ノ電、住んでいた家のすぐ近くにある由比ヶ浜、鶴岡八幡宮、初めに保育人募集のチラシを配っていた鎌倉駅前、昔よく行っていたお好み焼き屋。定番のデートコースみたいだが、子どもが母にカメラを向けたままという不思議なデートだった。

鎌倉時代の話は知らないことばかりだった。穂子さんは懐かしそうに話していた。海があるところに住みたかったと穂子さんは言った。八丈島ともつながっていると思った。鎌倉時代を振り返るのは、山くんとの思い出を振り返ることでもある。山くんの話をするときは、歯切れが悪そうだった。

沈没家族のことは当初、大学の卒業制作のテーマにするつもりだった。僕がいたのが社会学部ということもあって、当時の保育人に保育の新しい形としての沈没家族がどのように機能していたか、聞き取り調査のようなかたちで提出しようと考えていた。だから、山くんを撮影することは、考えていなかった。

ただ、沈没家族の豊かな世界に触れていくうちに、ここから外れた人間がどうその世界を見ていたのか知りたくなった。パートナーである山くんとの関係が悪くなったことも、沈没家族がはじまったきっかけのひとつだ。山くんのことは、作品のなかで描かな

家は、江ノ電の和田塚駅すぐ近くにあった。家の近くの踏切。撮影も全然慣れていなかったので、三脚とカメラだけを置いてとりあえずふたりで立ってみた

くてはいけないと思った。
　穂子さんは自分から山くんの話をしたことはなかった。穂子さんは山くんを嫌っているし、信用していない。山くんの話をするとき、僕はいつも緊張していた。

穂子さん、山くんについて話す

　刺身と小さな醤油のボトルとビールを買って、逗子の公園に行った。公園で遊ぶ子どもたちの声が聞こえる。穏やかな午後だった。
　母子はタバコを吸いながら、沈没家族を懐かしんでいた。僕はこのまま終わってはいけないと、意を決して山くんの話を切り出した。

——鎌倉に短い期間であるとはいえ、山くんと住んでたんだもんね。

　うん。

——それは今から振り返るとどうなんすか。愉快な暮らし？

逗子の公園で。発泡酒と刺身とちっこい醤油。このインタビューは映画のなかでもとても大事なシーンだった

　まああんまり愉快じゃなかったね。愉快だったら続けているでしょ。……全然私は自分が尊重されているという気がしないというか、否定されていることのほうが多かった気がするし。まあなんか「自分がこれだけ考えてるのに」っていうDVチックな思考回路っていうかさ。っていうのはあるよ、あったよ今は知らんけど。

映画には使っていないが、こうも言っていた。

――あまり、山くんの話、してこなかったよね二人で。

　うん、それは意識してた。彼のことを話すと悪口に絶対なるからさ。でも、それを一方的に土に言うのはフェアじゃないなと思って。だから、今そっちが聞いたからこれだけ言ってる。

　いままで黙っていたことを言えて、少し楽になったように見えた。穂子さんが、僕を人間として対等に見ていることが伝わってきた。

ただ、自分から聞いておいて理不尽だが、僕は心がすごいざわざわした。自分が信頼している人が悪く言われるのが、とても嫌だった。

東中野に来てからも、週末は山くんのところに僕が行くという取り決めを二人はしていた。

——会わせたくないなとか思わなかったの？　自分が嫌いだと思っている人に。自分にとって、嫌な感情を持っている人に会わせたくないなとかはなかったの？

それはあったよ。

——それはあったんだ。なんで？　よくない影響を及ぼすと思ったの？

よくないっつうか、やっぱり自分がその否定的な感情を持っている人に、別に大人だったらちがうけど誰かの面倒がないと、要するにちゃんとみてる人がいないと基本的にちいちゃい子はさ、そういう人に預けるっていうのはさ。

——いやだった？

あまりいい気はしないよね。

——でもその権利は認めたんでしょ？

うん、それはふたりで話し合って。……それはたしかにさ、そこまでは拒否できないなってのはあったよね。いくら私がすごくいやであっても、彼にとっても子どもであるのは事実だし。

二つの世界

毎週金曜日の夕方と日曜日の夕方、東中野駅東口の改札は、僕にとって世界が切り替わる神聖な場所だった。金曜日の夕方になると、山くんは荻窪から東中野まで僕を迎えに来て、穂子さんは沈没ハウスから東中野駅まで僕を送っていった。日曜日の夕方に、僕は沈没ハウスに戻る。

受け渡しのとき、穂子さんはいつも不機嫌だったし、山くんも言葉少なだった。たかだか一〇分くらいのその時間が、僕はとても嫌だった。

沈没ハウスで誰かとお酒を飲んでいる楽しそうな穂子さんとはぜんぜんちがう。一つひとつの言葉や振る舞いが、不快であるという感情を示していた。そんな姿を見たくなかった。山くんも、いつもとはちがっていた。

会話が困難だった二人は、交換ノートをしていた。初めは何もないバインダーにルーズリーフを足していって、それぞれが平日と週末に僕のまわりで起きたこと、行った場所、連絡事項などを書いていった。文章以外にも、それぞれがポラロイドカメラで、そのときあったことを撮ってぺたぺた貼っていた。

交換ノートは、穂子さんと山くんそれぞれのフォトエッセイのようになっていた。分厚いバインダーを見返すと、あらためて沈没家族での平日の生活と、週末の山くんとの生活のちがいを実感する。

（穂子）1月10日（金）

沈没にて書き初め会。最初から書きまくる土。最高傑作は？と聞くと「ぬらりひょん」。わたし的には「水木しげる先生」が気になる。

（山）1月12日（日）

家の中が雑然としたまま。今月を整理整頓月間とする。土にそのことを伝えると「はーい」と気のない返事。今回はとりあえず衣類の整理。土の体に服を当てて「はいこれＯＫ」「はいこれもう着れない」と仕分けしていく。

山くんと穂子さんと僕。山くんが撮影に回るので、三人の写真は、そんなに多くない

週末の二日間、山くんはいろんなところに僕を連れて行ってくれた。自転車に二人乗りして「ラピュタ阿佐ヶ谷」という映画館によく通った。観るのは、円谷英二の特撮シリーズ。しかも『ガス人間才一号』とか『妖星ゴラス』とか、かなり大人向けの映画ばかり観ていた。

紙飛行機長飛ばし大会で優勝したときのこともよく覚えている。僕が大好きな水木しげるの漫画を買ってくれたのも山くんだった。

浅草でのゴジラ映画のオールナイト上映では、年齢的に僕が入れなくてスタッフに止められたが、終電がないとかなんとか言って山くんが無理矢理僕を入れてくれたこともあった。子どもながらに、というか子どもだからこそなのか、大人が大人に食ってかかっているさまを見てヒヤヒヤしていた。「そんな無理しなくてもいいよ、帰ろうよ」と思っていた。

無事に潜り込むと、山くんは僕に向かってやってやったぞとにやにやしていた。山くんの努力をよそに、二本目の『ゴジラの逆襲』の途中で僕は熟睡してしまったが、この映画を僕にみせたいんだという熱意のこもった山くんの顔は覚えている。

実際そのあとに山くんから原一男や森達也を教えてもらって、ドキュメンタリーに興味を持つきっかけをもらった。山くんがお勧めするものに対しての信頼が、小さいころからあった。

沈没ハウスではいつも早く寝ていたけど、荻窪の山くんの家では、夜中の二時とか三時くらいまで起きていた。狭いワンルームで肩を寄せ合って、夜中に観るテレビはいつも観ないものばかりで、ドキドキする時間を山くんとは共有していた。

山くんが連れて行ってくれるところは、まだ見ぬ世界ばかりだった。沈没家族に負けたくないという思いが、山くんにも、もしかしたらあったのかもしれない。

でも、あの改札に来ると山くんは笑顔が少なくなり、穂子さんの言葉を気にしておどおどしていた。穂子さんと山くんのいつもとちがう姿を見たくなかった僕は、いち早く一人で電車に乗ることに慣れようと、一人で荻窪と東中野を往復するようになった。

山くんとの世界も、沈没ハウスの世界も、どちらも楽しかった。東中野と荻窪は総武線で一〇分とかからない距離だけど、その二つの世界は僕にとってまったく別ものだった。

山くんとはマクドナルドに行ってごはんを済ませていたが、ハッピーセットのおもちゃを持って穂子さんのところへ行くと、また体に悪いもの食べてきたのかと、不機嫌になった。フィレオフィッシュは沈没ハウスでは食べられないジャンキーで美味しい食べ物で、いつしかマクドナルドに行ったことを穂子さんに隠すようになっていた。

そんな些細なことで揉めていた山くんと穂子さんがおもしろくて笑いも起こってくるが、当時の僕は、その場に居合わせるのがつらかった。

笑い話といえば、たくさんの方からあのシーンは最高だねと言われるところがある。僕が三歳くらいのとき、穂子さんと山くんは沈没ハウスの屋上でボクシングをした。穂子さんが山くんに戦いを持ちかけたのだ。

LOVE BATTLEと書かれた手紙には「あなたの言っていることは理解できないし、会話がまともにできません。殴り合いましょう」とあった。リングは屋上につくった。それぞれグローブをはめて、正規のルールにのっとって、山くんと穂子さんのボクシングが行われた。

当日の写真が大量に残っている。山くんは汗びっしょりで、本気で穂子さんの顔に向かってパンチを打ち込んでいて、穂子さんは顔がパンパンに腫れている。沈没ハウスの住人たちもリングの外から観戦していた。僕は写っていなかったが、世紀の一戦に立

ち会った観客によると、僕は屋上のはしっこでずっと黙って観ていたそうだ。

冷静にその状況を想像するとめちゃくちゃシュールだが、果たして僕は何を思っていたのだろうか。おそらくそのときに、この二人がよりを戻すことはないと確信したんじゃないかと思う。そういう諦めが僕のなかにはあったから、二つの世界を僕はうまく立ち回りながら泳いでいたのだと思う。

山くんと家族の話をしたことはなかった。電話をかけようとしてかけられなくて、ようやく一週間くらい経ったころ、山くんとラインで話した。卒業制作で沈没家族を撮影していること、山くんも撮影したいこと、沈没家族をただ宣伝するだけの映画にはしたくないということ。そういうことを伝えた。

山くんは撮影を快諾してくれた。何より、家族について僕と腹を割って話したことがなかったから、その機会をつくりたいと言っていた。

山くんにカメラを向ける

八丈島に引っ越したあと、山くんと会う機会は少なくなっていた。初めは二カ月に一度くらいのペースで山くんが八丈島に来たり、僕が上京したりしていたが、その間隔は徐々に空いていった。

八丈島に来たときは、山くんを避けるため、穂子さんはキャンプ場にテントを張って寝泊まりした。ボロ家で、山くんと二人だけで遊んだ。それも僕が年を重ねるごとに減っていった。

山くんと会うのは一年半ぶりだった。山くんはいま、故郷の三重県名張市に新しいパートナーと住んでいる。近鉄の特急に乗り、津駅で待ち合わせた。

改札から、遠くにモヒカン頭の男が見えた。まさか山くんではないよなと思いつつ、カメラを回しながら進む。その人が、小さくこちらに向かって手をあげた。「あ、山くんだ」見ないあいだに山くんの頭はモヒカンになっていた。

一五年ほど前、荻窪駅の改札で待ち合わせているときと同じような感じだ。毎週末のルーティンだった荻窪駅での待ち合わせはいちいち大きな出来事ではなかったけど、一年半ぶり、しかも撮影をするときにこのリアクションは意外だった。あたかも、これから一五年前と同じような土日の時間が始まるように僕は感じた。

早速、居酒屋に向かった。ポテトサラダや唐揚げなど、僕の好きそうなものを彼が頼み、一緒にビールを飲む。荻窪の狭い部屋で一緒に遊んだときと変わらない。

僕は少し居心地が悪かった。山くんはのらりくらりと、名張へのアクセスとか、昔、僕が名張に来たときの話をしていた。

沈没家族をどう思っていたか、穂子さんをどう思っていたか。山くんだってそれを聞かれることは分かっていたし、僕もそれを聞くためにずっと緊張しながら名張に来た。それなのに、話がどんどんそれていく。うまく話せない自分にもイライラした。

山くんは僕に何かを教えるとか、自分の話をしてばっかりだった。二一歳になった僕が、東京でどんなふうに生きているか全然聞いてこなかった。幼い僕はもうどこか遠くに行っているのに、山くんはまだ僕を小さいと思ったまま接しているようだった。

笑う山くんは歯がなくなっていた。それをカメラで撮る僕は可愛らしい士ではなくなっていた。あえてビールをたくさん飲んで、大人らしさをアピールした。

俺は出たり入ったりできない

山くんとは三日間一緒に過ごした。滞在中、山くんのパートナーは家を離れてくれたから、名張の家では二人だけだった。車で和歌山の海沿いをドライブしたり、イルカ漁で有名な太地町《たいじちょう》で泳いだり、延々歩いて那智《なち》の滝にも行ったりした。おもしろそうなところにズンズン進む二人は、昔と変わらなかった。

僕は常にカメラを回していた。山くんの何気ない言葉やさりげない行動の一つひとつが山くんの魅力を映すと思ったし、まだ距離感をつかめない僕自身のモヤモヤを表せると思った。だから片時もカメラを離せなかった。子どもと大人の関係で接するのは、なんだか嫌だった。

山くんにポツリポツリと昔のことを聞くことができたのは二日目。車の中で運転席と助手席に座ったときだった。そこで彼が語ったのは、穂子さんではなく、沈没家族への思いだった。

なんていうかな、あんたらは自由参加だけど俺は自由参加じゃないんだよ。あんたらは沈没の中で出たり入ったり自由にできるけど俺は出たり入ったりできないんだよ。ずっと土とは関係があるんだよ。

運動会に行ったら、必ず誰かいるんだよ。自分より幅を利かせた感じで。フラットならいいけど、完璧に俺がお客さんみたいな感じになってるのよ。

山くんが沈没ハウスに来た記憶は僕にはなかった。彼がわだかまりを持っていたのは穂子さんとだけで、沈没家族の大人たちとのあいだには何もないと思っていた。

沈没ハウスの大人たちによると、山くんは沈没ハウスに来て穂子さんと物を投げ合うくらいの大げんかをしたことがあるそうだ。数人は山くんと個人的に話をしたみたいだが、大部分の人はそのこともあって山くんと関わることは少なくなったそうだ。

最終日の夜に二人で話したときも、山くんは沈没家族に対する思いを、カメラを向けている僕にぶちまけた。

あんたもはっきり言って充分毒されてるよ！

俺は別れないようにがんばったよ。俺なりにがんばったよ、やり方はへたくそだったかもしれないけど。

寝室と台所を行ったり来たりしながら、語気を荒げ、保育人に憎しみをぶつける。「毒されてるよ！」と言い放つ山くんに対して、ショックを受けると同時にパニックになって、僕は強く言い返した。

土は小さいころはそういうことも言わなかったよ。

山くんが小さな声でボソッと言う。僕が言葉を話せるようになってしまったことで、大人と子どもではなく、大人と大人になったことを強く実感した。子どもと大人の関係でいるときは、ややこしいことや気まずいことを僕は見なかったことにして、山くんと楽しい気持ちだけを共有していた。

いざ小さいころの話をされると、とてもつらかった。寝室と台所の途中にある山くんの部屋には、大きく「団結」と書かれた半紙が貼ってあった。「中年　山村克嘉」と小さく書かれていた。

父親がよくわからない

便宜上、映画の宣伝の際は「父・山くん」と表記する。いつも違和感があるが、生物学的に、山くんは僕の父だ。

「そんな腹出てる二〇代いないから」寝室の隣り合わせの布団に二人で寝転びながら、山くんが言う。その身体は、どうやっても僕が遺伝子として受け継いでしまったものの

山くんの家にあった「団結」の習字。映画を観たひとの多くは「中年」と勘違いしていたが、「申年」が正しい

ような気がした。

僕はいままで山くんを「特別なおじさん」としか見れなかった。寝室での壮絶な言い合いや家族を模索していた彼の車内での言葉からではなく、海辺の穏やかな時間こそが山くんを父なのかなと思った瞬間だった。

和歌山の海に行ったとき、海辺で一緒に酒を飲んだ。Ｔシャツを脱ぎ、たるんだ体をした山くんと僕はロング缶をあけ、店で買った刺身と唐揚げをぱくついていた。会話は少なかったが、居心地はあまり悪くなかった。

すぐ近くでは、海水浴に来た子どもがはしゃいでいた。三口食べてから、「うまい」と山くんはつぶやいていたが、僕も「うまい」と心の中で思っていた。山くんの腹をみると、ああ、自分もこうなりつつあるし、最後はこうなるのかなとしみじみした。

海岸で黙々とビールと刺身と唐揚げをつまむ二人。映像を見返したら、おもしろいことに気付いた。鎌倉で山くんの話を穂子さんにしたときにもあった、一五〇ミリほどの小さい醤油のボトルがそこにもあったのだ。穂子さんと山くんそれぞれが、小さい醤油を買っていたのだからおもしろい。

よくよく考えると、海辺で山くんはジミ・ヘンドリックスのＴシャツを着ていた

唐揚げと刺身とちっこい醤油。山くんは焼酎ハイボール、僕は発泡酒。山くんのたるんだ腹に目を向けられなかった

し、鎌倉をてくてく歩く穂子さんはジム・モリソンのトートバッグを持っていた。二人とも写真を愛しているし、障がい者と関わる仕事をしている。

血縁とかそういうことではないけど、あ、自分はこんな二人のあいだに生まれた子どもなんだなと、たくさんの共通点に気付いて感じる。言葉のやりとりよりもよっぽどゆるやかに穏やかに二人とのつながりを感じるものだった。

沈没家族のあったころ、フジテレビのドキュメンタリーに出演した山くんは「ちゃんとした家族じゃない状態で、パパと呼ばせられない」と答えていた。事実、僕はパパと呼んだことがないし彼も呼ばせようとはしていなかった。だから僕は、いまでも「父」という存在がよく分からないままだ。

保育ノートにも、「父」についておもしろいことが書いてあった。

とある保育に入っている人なんですが、自分の名前は「パパ」だと土くんに言っていました。（結構キツいのですが）笑える冗談のつもりで、それと滅多に無い「疑似パパ」体験をしてみたいという動機もあったとのことです。その時私は「それはマズイでしょう」と、強く反発していました。しかし、この「強い反発」とはいったい何なのでしょうか？　これは考え直してみる必要がありそうです。すると、私の中に構築された「パパ」を、確認することができるのです。

穂子さんは、シングルマザーです。そして、土くんは父親とも時々会ったりしています。そこで、「パパ」と言う単語が使われているのかは不明なのですが（たぶん使われていない）、パパ＝父親という単純な図式はなかったと思います。パパ＝？でした。

そのような、重みのない「パパ」という単語の存在は、非常に自然な状態だと思います。しかし、その頃の私は逆に「パパ」という単語は、それ自体避けるべき存在である、と認識、特別視してしまっていたのです。「パパ」とは、パパであるような人が呼ばれるべき名称であると。実は、そのような人物は存在していないのに。


保育園にもたくさんの男性が迎えに来ていたし、保育士さんも誰が父親かわからなかったかもしれない。保育に入って一緒に遊んでいた時間でいうと、山くんと同じように継続的にその場に来ていたひとはたくさんいる。

でも、僕はずっと「父」が分からなかった。保育ノートにも「土にはパパいないよ」と僕が語っていたことが書かれていた。

それはネガティブな感情ではなく、四、五歳の僕にとって、とても素朴に自分の特性を話しているようだった。その感情はいまでも変わっていない。自分の個性として「父」はいないし、いないことが悲しいことだとも思わない。

悪役の家族

MONO NO AWARE の周啓くんには、山くんのシーンでも、ソロ名義で劇中歌を作ってもらった。タイトルは「悪役の家族」。山くんのシーンを撮影したのは、二〇一六年の七月で、全体の撮影でいうと、ちょうど半分を過ぎたころだった。

山くんの撮影までは、社会学部の卒業制作として、半分研究発表というかインタビュー集のようなかたちでまとめようとしていた。だけど、最終日の夜の寝室での言い争いをパソコンで見返したとき、素晴らしい映像が撮れたと感じた。

あんたらは自由参加だけど俺は自由参加じゃないんだよ。

沈没家族の外にいた山くんの言葉が、沈没家族というものを考える糸口になるとも思った。

監督としてみたら、あの映像の迫力はとてもおいしいものだった。ただ、あくまで彼の息子という立場で考えると、彼のひとつひとつの強い言葉が、体の中でずっと消化できないままだった。

映像を何回も見返したが、やっぱりもやもやした。自分の近しいひとを悪く言われて悲しい気持ち。言葉や行動の端々にでてくる山くんのもの悲しさ。腹を割って話せたことの嬉しさ。語気を荒げる山くんへの怯え。さまざまな感情がうずまいていた。自分の感情をナレーションやテロップでまとめてみても、何かがこぼれ落ちる気がした。

「劇場版」に再編集する際は、それを音楽でも出したかった。もちろん物語として映画を構成していかなければいけないのだが、最後の最後まで山くんのところはモヤモヤした。だから、山くんのところで音楽を作ってもらうときは、そのモヤモヤを周啓くんにはそのまま話した。映画としてどうまとめればいいのかも分からないということも。

曲作りのイメージの共有というより相談・ぼやきを聞いてもらうような感じだったが、周啓くんは素晴らしい曲を作ってくれた。「悪役の家族」は、電話口で分からなさすぎて泣いてしまった僕をそのまま曲にしてくれたような感じで、初めて聞いたときちょっと笑ってしまった。

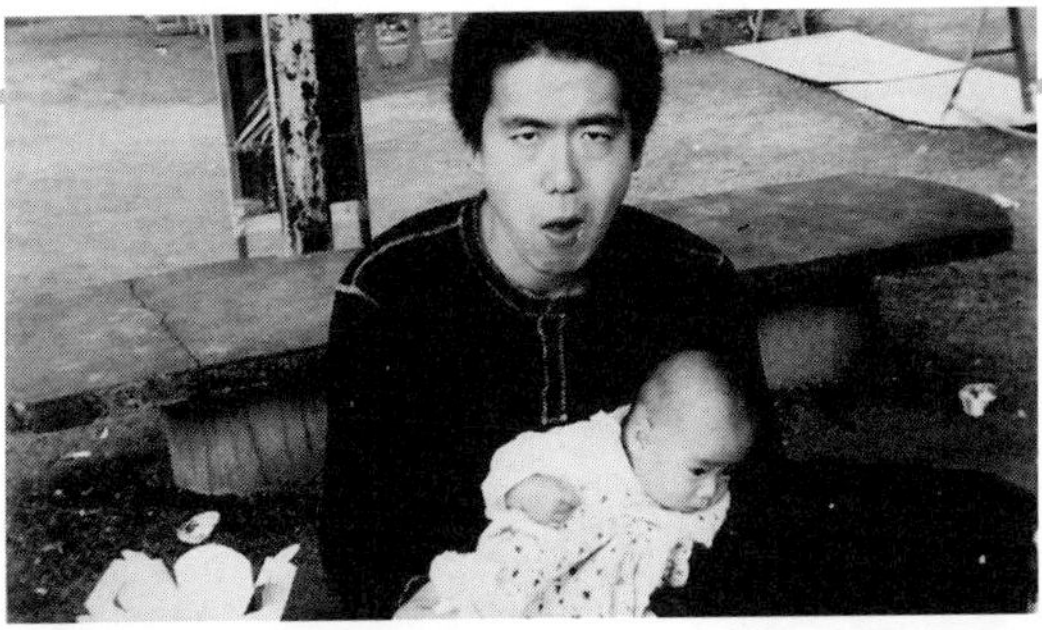

いまの自分よりも若いときの山くん。おらおら感

昔テレビでよく観てた　映画のヒーローが倒してた
敵にも家族がいるんだな　いるんだな
コンビニでたまに売っている名前のセンスがないパンを
考えた人にもいるんだな　いるんだな
美しい映画ってなんだっけな　正しい名前ってなんだっけな

おかしな服着た人がいてみんながそれを笑うけど
あの服あげたの僕なんだって映画のヒーローが出てきたら
美しい映画ってなんだっけな　正しい名前ってなんだっけな
美しいファッションってなんだっけな　正しい結末ってなんだと思う

家族の更新

山くんと話したことで、「父」や「家族」がよりモヤモヤすることになった。ただ、あらためて思ったことがある。

山くんが撮った写真は、どれもとても素晴らしい。山くんはいまでもコツコツ地元で

穂子さん、アフロ時代。不機嫌な穂子さん、飯食ってるときくらい穏やかな気持ちになってほしい。目をそらす土

身近な風景や人々を撮り続けて、写真展を開いたりしている。写真に対する想いはとても強い。穂子さんと出会ったのも写真の専門学校だった。

「いい写真を撮るひとがいい人間とは限らないよね」穂子さんも、山くんの写真が素晴らしいことは認めている。山くんに魅力を感じたのも、彼の写真がよかったからだと語っていた。特に、生後すぐの僕と、僕を抱いた穂子さんの写真はとてもきれいだ。

穂子さんも、山くんの撮影には協力していたそうだ。「ここに行って、土と穂子さんの写真を撮りたい」と山くんが言ったときには、三人の時間が生まれた。穂子さんは笑っていないし、僕もいつ喧嘩がはじまるかビクビクだったから、不安げな表情をしている。だけど、山くんが撮った僕と穂子さんの写真は、どれもこれも、撮ったときの雰囲気や背景が想像できるような素晴らしい写真だった。

山くんは写真によって「家族」をつなぎとめたかったし、同時に、「家族」という枠を壊したかったんじゃないかと思う。映画の編集をするときは、沈没家族と山くんの家族観を対極のように捉えていたが、映画を公開する過程で、もっともっと複雑なものに見えてきた。

おれと加納さんと土で撮るときも、血縁でつながっているけどめちゃくちゃ仲悪いじゃん。自分にとっては家族がまだ分からないか

山くん、撮影。撮るときは、いつもポジションなどかっちり決めて撮っていた

ら、一枚撮ってその日の家族、また次の日撮って一枚撮って家族っていうふうに更新している感じがするんだよね。だから、撮ることで分かろうとしてたかもしれない。

山くんは一表現者・写真家として、僕の撮りたいという思いを尊重してくれた。三日間の撮影で、彼は一度も撮影を止めたりしなかった。映画で使っているシーン以上に噛み合わない言い合いをしても、表現は邪魔しなかった。

沈没家族について興味を持たなかったら、山くんと真正面からぶつかることもなかっただろう。父親と思えるようになったわけでもない。彼と穂子さんによりを戻してほしいわけでもない。映像を撮り終わったあと、彼と大人として向き合えたような気がしてうれしかった。

山くんがいたから映画として成り立ったねと言ってくれるひともいた。山くんについての感想も多かった。「超人間臭いたたずまいや言葉に心揺さぶられた」と言うひともいたし、「僕の中の山くんがうずきました」という感想をくれた男性もいた。

「毒親」の母に育てられた自身の経験を、エッセイや漫画で発表されている漫画家の田房永子さんからは、映画にこんなコメントを寄せていただいた。

こういう育て方、生き方は自分にはできないー。そこから発する畏敬の念につつまれて、大きな山とか絶景を見た時の息をのむあの感じにしばらくなる。そこに登場する「山くん」はある意味とても「普通」で、それはまるで険しく崇高な大自然の中に突然ポツンとあるキオスクみたいで、ホッとして私の目から涙がどばどば出てしまう。

当たり前のことだけど、観たひとの数だけ解釈があるし感想がある。うれしい気持ちもあるが、それだけではない。山くんがたくさんのひとに観られて、「あの台詞いいよね」「髪型がインパクト強すぎ」とか言われると、いちいち不思議な気持ちになっていた。

映像は、映っているひとの印象を決める。とてもエゴイスティックだ。自分の近しいひとでも、やっぱりそれを感じる。山くんをディスる感想でいっぱいだったら、ちょっと嫌だなと思っていた。けれど、そんなことはなかった。

山くんにしても、映画にして公開することは認めて応援してくれたが、いざ公開がはじまって自分が「悪役」としかみられていなかったらと思うと不安だったと思う。

やってもいいかな

そんなとき、山くんから連絡が来た。「加納さんとか、沈没の関係者だけじゃなくておれの立場からも話したいから上映後のトークゲストに呼んでほしい」

即答はしなかった。万が一、山くんが映画をスクリーンで観て、映画の中のやりとりの延長のようになり、壇上を行ったり来たりしたらどうしよう。それでも、二度とない機会だし、お客さんにもこの機会にぜひ来てもらいたいと思って、ポレポレ東中野での加納土×山村克嘉（本作出演）のアフタートークが決定した。

当日朝、三重から夜行バスできた山くんと新宿駅にあるＢＥＲＧという店でビールを飲んだ。僕がいつも穂子さんと行く店だ。スキンヘッドに黒ぶち眼鏡、スーツ姿で現れた山くんには、津駅でのモヒカンとの遭遇と同じくらい度肝を抜かれた。お腹は相変わらず出てて、例えるのも申し訳ないが作家の百田尚樹にそっくりで笑ってしまった。

その日は客席も大盛況だった。たいした打ち合わせもせず、上映後、壇上に山くんを呼ぶときは、僕もとにかく緊張していたが、お客さんもぴりぴりとした感じに包まれていた。

山くんが客席から立ち上がりこちらに来るときは、みんな山くんを観ていた。ざわめきと拍手が起きて、ディナーショーのはじまりのようだった。壇上で山くんは深くお辞儀をした。山くんも緊張しているようだった。

そこから先のことは、緊張で覚えていない。何回も舞台挨拶をしてきたが、この日はうまく立ち回れなかった。劇場スタッフからは「山くんに助けられたね」と言われた。録音を聞くと、山くんは終始穏やかでひとつひとつ丁寧に質問に答えてくれていた。

和歌山の海岸のときみたいに壇上でビールをあけたが、緊張で僕はほとんど残した。その中で唯一覚えているのは最後の山くんの言葉だ。

うーん、加納さんがいう沈没家族ではおれは嫌だった。でも、こんなこと現実的にはありえないけど、監督がいう沈没家族だったらやってみてもいいかなって映画をみて感じた。だからこの映画が全国で上映されてるのはすごく良かったなって思います。

映画をつくってきていろいろうれしかったことはあるが、この言葉はうれしかった。映画が終わっても、このひととの関係は続いていくんだなと思った。

第七章

保育人たち

（土＝子どもから大人へ）

当時オルタナティブな新しい生き方として、沈没家族はメディアで紹介されていた。NHK「ツチくん2歳 僕らの子育て日記」（九六年九月二七日放送）、フジテレビ「私の子供を育てませんか？――〝沈没家族〟という試み」（九八年五月一七日放送）、読売新聞「家族のかたちNOW――温かな関係求めて 血縁ない7人肩肘はらず共同生活」（九八年三月二八日掲載）など、その注目ぶりがわかる。

一九九七年五月の雑誌『現代思想』のストリート・カルチャー特集では、「保育に人がやってくる「沈没家族」共同保育の試み」というタイトルで沈没家族を紹介している。保育人との鼎談のなかで穂子さんは、「別に何かゴールを目指している訳ではなくて、気づいたらこうなってた」と語っていた。沈没家族は、宗教的・政治的に同じものを共有したコミュニティではなく、運動や思想とは離れた生活のための集まりだった。

沈没家族を映画で観たお客さんのなかには、当時のこととしてオウム真理教を思い出すひとが多かった。オウムの世界に入っていったひとたちのなかには、当時の社会に生きづらさを感じていたひとも多かったかもしれない。同じ時代のコミュニティである沈没家族との「かけちがい」を感じる。

『沈没家族』の編集作業をしているときに、頭を悩ませたことがある。沈没家族に集まってきたひとたちは、そこに来た動機も時期も、どのような経緯でそこに来たのかもバラバラだということだ。生い立ちもさまざまだった。ひとがひとを呼び、わらわらと集まってくる沈没家族の言葉にはしづらい「あの感じ」を、ドキュメンタリーでひとにもわかるよう編集するのはとても難しいものだった。

撮影をするまで僕は、大人たちを保育人という大きな役割でしか見ていなかった。だけど、それぞれの保育人と会っていくうちに、しのぶさんやぺぺさんという、一人ひとりのちがう顔になっていった。彼らは保育人であり、同居人であり、遊んでくれるひとであり、知らないおじさんおばさんで、それぞれにそれぞれの背景や事情があった。だからこそ、編集の過程で、一人ひとりのおもしろさを「沈没家族の保育人」というカテゴリーに押し込めてしまわないか不安だった。

ぺぺさんとの再会

映画の撮影は、緊張もあったけど楽しかった。ひとに会いたいから会いに行くという思いだけでやっていたからだ。撮影のために会った大人たちは、全部で二〇人くらい。

沈没ハウスの住人が一部かわりました。

ゆく人くる人、それぞれからひとこと

[redacted]（ゆく人）■ 沈没ハウスでの生活も、はや一年半になるんですねえ。共同生活ということで、始める前はあんな問題やらこんな問題やら起こるんじゃないかとけっこう構えてた感じもあったけど、今から思うと気張り過ぎてたように思います。やはり、メンツが良かったから、でしょう。沈没の皆さん、お世話になりました。うちも近いことだし、これからもちょくちょく遊びに行きます。

[redacted]（くる人）■ 共同生活というのは、これまでの人生上なんどか体験した。が、沈没はなにかちがう。子どもがいる。一緒にごはんをつくったりたべたりする。どっかきちゃない、なんかカオス、なんかまったり、なにげに交流。よく人がやってくる。フジテレビもやってくる。トークと酒は欠かせない。ＢＧＭはウルトラマン。そんなかんじかなー。／おとといかぜをひいた。８度３分あった。くらくらした。しのぶさんとイノエくんが、みっちりゆり保育してくれて、ねた。２時間ぐらいねたら、若干すうきりした。あげぜんすえぜんで夕飯をたべた。一人じゃないっていいなーと思った。／ゆり（８ケ月）の保育してくれるひと、募集中。

[redacted]（くる人）■ 最近は結構満たされた生活を送っているので（もしかしたら比較的無欲になっているのかも）、結構ふ抜け気味に生きています。こんな私もとうとう社会人。何ヶ月続くかは神のみぞ知るのですけども、とりあえずは出世欲を出して、木下藤吉郎のように働いてきます。でもきっと、数週間でエネルギーが切れるでしょう。そんなもんです。／まだテレビをセッティングしていないのと、新聞を買っていないせいで、最近の世の中がどうなっているかはさっぱり分かりません。ヒロミ・ゴウが何やらやらかした話題も、中刷り広告で見ただけなので詳細は不明。そういえば子どもを金属バットで殺しちゃった父親が懲役３年の刑になりました。それくらいですね、僕の知っている世の動きというのは。／さて、沈没には無事引っ越せたものの、何だか生活時間が他の住民とシンクロすることが少なく、寂しい。できれば夕飯時にはいつも居たいものですが、なかなかそうもいきません。子供たちは僕が住人だということを知っているのだろうかと、思ったりもします。やはり平日昼間という響きには魅力を感じてしまうなぁ。とりあえず田舎モンには都庁の明かりが眩しいので、今度展望室にいって、天下を取った気分を味わおうと思ってます。ではでは。／あ、階段掃除しなくっちゃ。

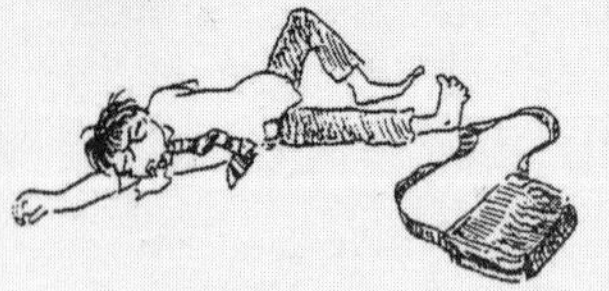

[redacted]（ゆく人）■ 引っ越し先が決まって、おばあちゃんと友人に聞かれたのは、「今の家（ちんぼつ）からは近いのか？」でした。もちろんちんぼつからはとても近いです。ちんぼつのみなさんありがとう。うちのばあちゃんは安心してます。

マスコミの人がたびたび来訪。

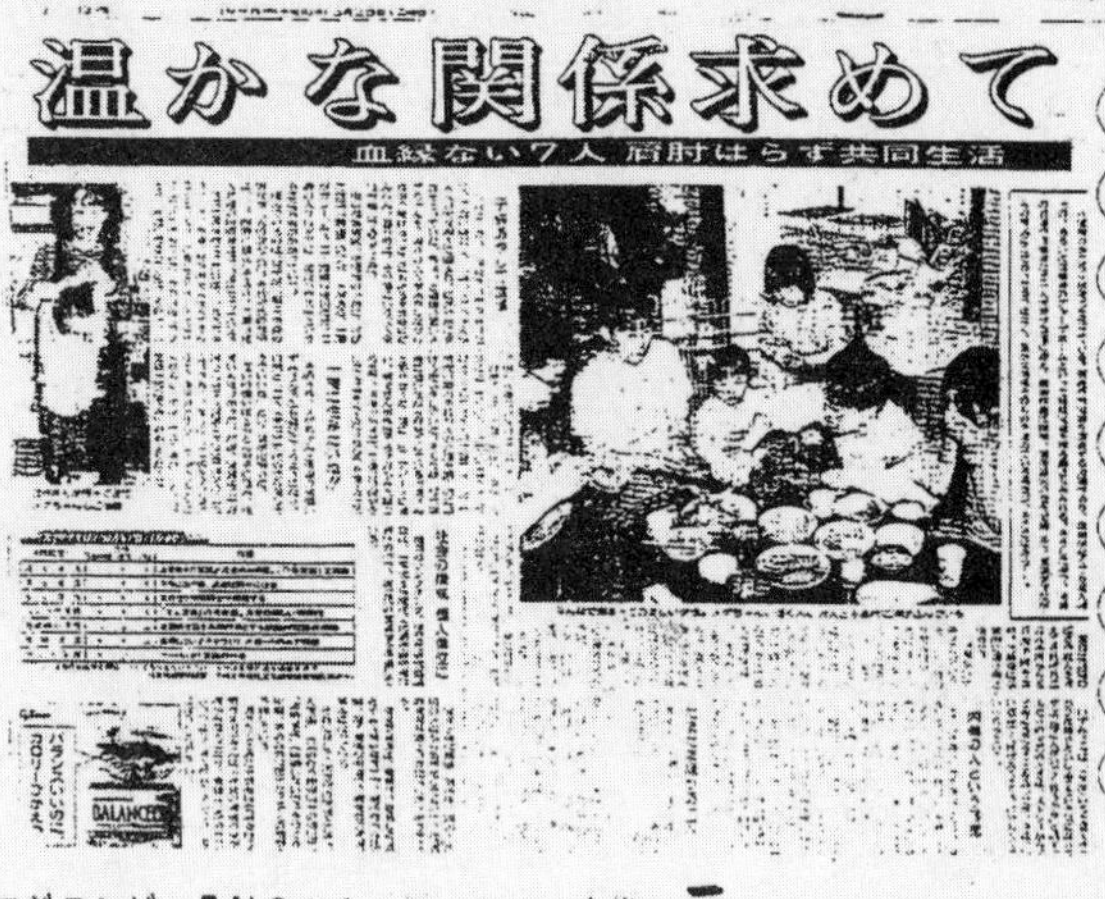

読売新聞の記者が取材に来ました。

一九九八年三月二八日 読売新聞

フジテレビ FNSドキュメンタリー大賞
5月17日(日)深夜26:30〜27:30

※半年余りの取材が今日、終わりました。ディレクターのMさん、スタッフのみなさん、お疲れさまでした。皆さん、ぜひ観てみて下さい。

読売新聞の記事を見たというTBSの人から、取材依頼の電話がこないだきました。番組は、知る人ぞ知る『ドキュメントDash Dash』だそうです。まだどうなるか分かんないけど、放送のアカツキには観てやって下さい。

1

九八年五月発行のフリーペーパーから

八丈島に引っ越してから、個別に連絡を取り合うこともなかった。穂子さんが連絡先を知っている人の電話番号を聞いたりした。

それでも見つからない場合は、ツイッターで検索してそこからDMを送った。チラシのやりとりで集まったひとに会うのに、ツイッターで連絡をとることがとても不思議だった。彼らのプロフィールや投稿は、僕にとって馴染みのないものばかりだったから気が引けた。

「お久しぶりです」でいいのか、「ご無沙汰しています」なのか「初めまして」なのか「こんにちは」なのか。書き出しの言葉がそのひととの関係を決めてしまうような気がして、何度も下書きをしては消した。僕が選んだのは「お久しぶりです」だった。一五年ぶりのお久しぶりはとても違和感があったけど、子どものときの土になりきって、無理に親しみを感じさせる書き出しにするのもちがうなと思った。

直接訪ねて、撮影をお願いすることもあった。ぺぺさんが早稲田の交流Bar「あかね」で、週に一日だけ店番をしていることは知っていた。穂子さんも東中野にいた時期はそこでカレーをつくったりした。多くの「沈没界隈」が集まる店で、僕もそこに行ったことがあるはずだった。

その日は木曜日でぺぺさんがいることは知っていたが、僕は店を覗く勇気がなくて、赤い看板が目印の店の道路の反対側を行ったり来たりしていた。まだ撮影をするわけでもないのにとても緊張していて、公園でタバコを吸い、ストロングゼロを飲んで心を落ち着かせてからやっと中を覗くと、たしかにぺぺさんが一人佇んでいた。

重い扉を開けると、ぺぺさんは一瞬体を止めたが、まるで僕が先週もその店に来たみたいに、軽く手を上げて招き入れてくれた。

小さいころ、周りに変な人が多いのをとくにおかしいとは思っていなかったけど、ぺぺさんの異質なオーラだけはかぎとっていた。なんというか、顔つきや話す雰囲気すべてに妖気を感じていた。小さいころから水木しげるが大好きだった僕にとっては、沈没ハウスにいるぺぺさんはぬらりひょんのような存在だった。

記憶のなかのぺぺさんは、いつも片隅で一人で酒を飲んでいて寡黙なイメージがあったから、なおさらほかのひとには見えてないのか、とも思った。ただ、気がついたらそこにぺぺさんがいるというあの感じが、小さいころから僕は好きだった。

店に客はいなかった。ひっそりと発泡酒を開けて乾杯する二人の姿は、映像には残っていないが、頭に鮮明に残っている。ポツポツと沈没家族で映像を撮りたいことを話したら、ぺぺさんはそれを喜んでくれたし、ほかのひとの連絡先も教えてくれた。

たった一時間ほどだったけど、そうやって再会は終わった。泣いて抱き合うと

ぺぺさん。僕からすればぬらりひょんだが、大人たちいわく、「トークの帝王」だったそうだ

か、朝まで話が止まらないとか、そんな感じじゃない。でも「じゃあまた今度」と別れ際にぺぺさんが言ってくれたことで、あ、また会えるんだとジワジワうれしさがこみあげてきた。

加納土ナイト

ぺぺさんとそんな再会をしたことで、あかねで「加納土ナイト」というイベントをすることになった。沈没家族で育った土がやってくるとあって、当時そこに関わっていたひとから、行ったことはないけど名前は知っているというひとまで、たくさんのひとが集まった。イベントのことは穂子さんの耳にも入ったらしく、「「加納土ナイト」に寄せて」という文章を書いてくれた。

あの年月は今のわたしの根幹にすごく影響しているのだ。人生を豊かにしてくれたと思う。もともとかなり楽天的な性分なんだろうけど、沈没ハウス時代があり、思い通りにならないことも、人間関係のひび割れも、相互作用のパワーのエンパワーメントも……それぞれが自由であること、痛いこと、そんな渦巻く渦中で過ぎた時間があり、肥やしになり。だから、きっとまた妄想し始められるんだな。

（……）

元保育人のみなさん！
とにもかくにも生かしてもらってありがとう。
再会、だけど、ほぼ新たな出会いと言っていいだろう土と元保育人のみなさんに乾杯！

ていねいに語り合える素敵な夜になりますように。健康とご多幸を祈ります。そして、できることならこの世知辛く抑圧的な世の中の少しの希望ちゃんの種として、ピカリと信号をおくりあえる関係でいられたらいいな、と勝手に思っています。よろしく

2015.10.28
感謝を込めて。加納穂子

穂子さんも、僕と保育人たちの再会は嬉しかったみたいだ。映画の撮影中、例によっ

て僕と穂子さんが八丈島の麦焼酎「情け嶋」を飲んでいるとき、こんなことを話していた。

土が映画撮って、大人たちと関係がまた生まれているのはいいなと思うよね。なんかまたうごめいていくものがありそうで。

何回も店の前を往復して、ようやくぺぺさんに会えたこと、加納土ナイトで穂子さんがこんな文章を書いてくれたこと。卒業制作で「沈没家族」を撮ろうとしていた僕には、なにかがうごめきそうなワクワクがあった。

加納土ナイトでは、ぺぺさんにカメラを向けてたくさん話を聞くことができた。この日、僕ははじめて、ドキュメンタリーを撮るためにひとにカメラを向けた。間があくことが怖くて、とにかくたくさん話を聞いた。だけど、カメラにおさめることに集中していて、話の中身はほとんど入ってこなかった。ただ、そんな状態でも「そうなんだ」とカメラを忘れて考え込んでしまうやりとりがあった。

――自分のオムツとかを替えていたぺぺさんが今の自分を見てどう思うのかなっ

て。

緊張するよね。びっくりするかもしれないけど。緊張感がある。

——それは会うことに？

会うこともそうだし話すこと自体に。

沈没ハウスにいたぬらりひょんは何事にも動じず、ぬるっとそこに「在る」イメージしかなかったから、緊張感という言葉にとにかくびっくりした。そのあと保育ノートに書いてあったぺぺさんの文章を読んでみて、その緊張感を少し理解できた気もした。

沈没ハウスに来る。意中の女性と保育デートができる。土を連れてその人と外へ公園行く。土が大きくなったら、俺をダシにしやがってと殴られないか不安だ。

三人の姿を想像したら笑ってしまうが、本当にあったことなんだろう。もちろん僕は、それを読んでも俺をダシにしてデートしやがってと怒ることはない。

ぺぺさんの緊張はたぶん、大人になった僕が沈没家族を、そして自分をどう思っていたのか心配していたのもあるだろう。

もちろんそれだけではなく「まだ、その緊張はよく考えることなんだよね」というくらいだから、複雑な感情なんだろうけど。僕にとってぺぺさんは記憶のままのぺぺさんだったけど、ぺぺさんからすれば、小さかった僕が急にデカくなって現れたのだ。本当にこいつは土なのか、と疑いたくもなるかもしれない。

ほかの大人たちもそうだが、いちいち奇跡的な再会をしていたのだから、もやもや考えるのだと思う。最後に会ったときは七、八歳だった子どもが、急にデカくなって現れるのだ。

穂子さんと僕が沈没ハウスを出たあとも共同生活は続いていたが、めぐが家を出て、ゆっぴが家を出たあと、家に子どもがいなくなってからは活気がなくなっていったそうだ。いまはそれぞれ子どもができたり家を変えたり、職を変えたりしている。

突如現れた加納土という人間は、大人たちにとって、二〇～三〇代のころの自分の暮らしを思い起こさせる存在だったと思う。卒業制作版を観た沈没ハウスの元・住人のひとりは、こんなことも言っていた。

正直、物足りないところもある。子どもだった士は知らないと思うけど、沈没での生活はもっと壮絶な日々だったよ。でも、映画を撮ってくれたことで自分もあのころのことを思い返すきっかけになった。

ぺぺさんは、当時のことをどう思っているのだろうか。

初めてあなたと二人になったときのことをよく覚えてますよ。こっちはこっちでビビってたからね。どうなっちゃうのかなって思ってたけどね。

――どうなっちゃうんすか。

最初は大泣きしてたけど、途中で諦めるんだよ。もう母ちゃんいないんだって。そこは頼る人いないから頼ってくるんだよ。それは面白かった。まあホッとしたっていうか、まあそんなずっと泣いてたらやだなって思うじゃん。でもそういうことはなかったんだよね。

「子育てなんて一生できないかもしれませんよ」こんな殺し文句に誘われて、ぺぺさんは保育に来ていた。ぺぺさんは穂子さんのことを「最初から変態だった」と語った。

子育て経験のないひとたちが、変態に誘われて、自分ひとりで泣きわめく子どもと対峙する。こうしてほしいああしてほしいではなく、能動的に子育てに立ち向かう。

自分の関わり方や価値観が、土にどんな影響をおよぼすのか。一五年会っていなかったそんな子どもが、実験の結果どうなったのか。ぺぺさんにとっての緊張は多分そんなところからきている。僕のことを「あなた」と呼んだのも、緊張のせいだろう。

つまらない生活？

緊張は、もちろん僕にもあった。「大人になった自分がどう見られるのか」という不安によるものが大きい。

写真や映像で見る沈没家族は、みんな楽しそうだった。「沈没合宿」と名付けられた旅行では、伊豆の海や福島の雪山にみんなで行っていた。ぞろぞろと、いまの僕と同年代の二〇人くらいが笑顔で写っていた。ボックス席の鈍行列車でまな板を広げて刺身を切っていたことを僕はよく覚えているけど、とにかく楽しそうだった。

大学生になった僕は、穂子さんと山くんの遺伝子を受け継いだのか、お酒を飲むのは大好きだったし、暖かい時期はコンビニでチューハイを買って外で飲むのが定番だっ

沈没家族 第2号

1996.9.1
編集 神長恒一 加納穂子
しっぴつ ペペ長谷川 小倉虫太郎
写真 たまご
イラスト 児嶋扶砂子

連絡先 (03)3368-[redacted] 沈没家族
保育人常時ボシュウ中

ことしも夏合宿に行ってきたドー
(文責・神長恒一)

大好評の去年にひきつづき今年も、私たち「沈没家族」(中野で共同保育的な試みをおこなっている人々)の面々は7月の19(金)～21(日)まで夏合宿に行ってきました。

場所は西伊豆の大浦海岸、「思いっきり遊んで泳いでビーチタイムをエンジョイするドー」のはずでしたがあいにくの雨。私(神長)などは個人的に矢沢永吉的「ひと夏の体験」(ストーリー半分ギャグです)をイメージしてただけに少しがっかり。気がつくとなにゆえか、究極Q太郎さんと鬼ごま紙で作った将棋盤で将棋をさしてました。

しかしなんといっても雨に負けなかったのは、宮沢賢治自己犠牲三部作を愛読する三浦仁さんでした。三浦さんは強めの雨の降るなかを5時間、Tシャツ姿のまま傘もささずカッパも着ずにただひたすら釣りをしていました。

夜には料理・食事・宴会・議論・ゲーム・青春歌謡などで大いに盛りあがりました。

合宿中、一部メンバーからの「30才目前にしてろくに働きもせず(一部)こんなに遊んでばっかりの日々でいいんですかねェ」の発言には、その場に居合わせた人一同大笑いでした。(おしまい)

パフォ・パフォー

昨年はコドモは土一人だった合宿も、今年はめぐむちゃん(3才)も参加できて良かった。コドモパワーはスゴイ。海をこわがっていた土も今年はうきわで沖の方

老人と子供のポルカ

～「老人と遊ぼう!ピンポンパン」主催者より～

ドゥビドゥバー・ドゥビドゥバー・やめてけれ・やめてけれ…(突然ながら左卜全さん「老人と子供のポルカ」より)

そういうわけで、今回この「沈没家族」というタイトルに心打たれ、筆も執らせていただきました。このタイトルはショッキングでもという声もありますが、よくよく考えて見ますれば、程度の差こそあれ多くの家族は沈没しています。

あたり前です。模範的な夫妻、父、母、兄、姉・じじばばなぞそろそろやっておられません。「何か一つの力に奉仕するには人生は常に余りに広大であり過ぎるはずだ」(ランボー)とキマッた。

というわけでかくいう私の「家」(うち)も若干キビシめの老人がおり、沈没気味です。かといって線香もなく、あまり家にも寄りつかぬ私に模範的な息子(いわんや長男!)の役割は余りに重く、かといって絶縁という気にも今のところならず(それは同時にありがちな妻への負担集中ともなりましょう。現になっている。かといって絶縁してはいけないとも言わない慎重な僕(?))そこで編み出されたのがこの企画「老人と遊ぼう!ピンポンパン」です。

ちょうどこの「沈没家族」の主舞台、加納邸で二セ家族ごっこが行なわれるように、二セ息子・二セ娘などを募集しています。といって大したことはやらず第一回はビールを飲みつつSんじろうさん(60代後半)とトークしただけです。(参加者一名)

老人の場合刺激が少ないとビシビシボケていくという特性がありますので、なるべく交流の場をつくろうということであります。お金は出ませんがビール、ソフトドリンク、つまみ、軽い食事等出る可能性は高い。

子供だけでなく老人とも遊べば人生のコク、深みが出ること必至です。また遊ぶたびにピンポンパン参加証を贈呈します。これも私につきつければ、私もあなたの親その他の老人と遊ばざるを得ません。と今思いつきで書きましたが大変なことになりそうなので現在検討中。こういったアイデアも募集中です。

連絡先～和光市西大和団地2の9の301 塚原誌(ピンポン係)まで封書オア葉書でく

さみなさんもいっしょにドゥビドゥバーのドゥビドゥバー・やめてけれ・やめてけれ○○(○○に好きな言葉を入れて歌いましょう。)

by福祉の三冠王PP

イラスト
老人
←そのうちこうなりがち
子供
母
ヘビ
あなたはどっちが好き?ヘビ差別?

土・めぐ保育…子どもも2人で楽しく盛り上がりたい人、募集。楽しいよ。また、めぐのみ保育(練馬)・平日昼間緊急保育人登録して入れる方探してます。詳しくはPHS 050-919-2015 しの

フリーペーパーの第2号。沈没ハウスに来た人が持っていって、外で誰かに渡していた。沈没界隈のメディアはもっぱらチラシだった

た。沈没家族の大人たちが、外で飲んでいることが多かったからだと思う。

ただ、いつも物足りなさがあった。沈没家族の花見には、誰がもってきたのか超でかい寸胴いっぱいのカレーや手作りのエスニック料理や紙パックの日本酒、もうもうと立ちこめるタバコの煙があった。なにより、交流することにとても真面目だった。大学生の自分には、それができなかった。次から次へと、ひとがふらりとやってくる花見をしたかった。


沈没家族によく来ていた神長さんは、だめ連の主要メンバーでもあり、「交流無限大」を体現しているような人だった。早稲田大学を卒業したあと、就職した会社を一年弱でやめたのちは、劇団ビッグ座、バンド、草野球チームなどなど交流のため、とにかくなにがなんだかわからないけど、いろんなことをしていた。

中野駅前でジェンカを踊るシーンは、そんな彼が監督した自主映画『にくだんご』の中に入っていた。乳母車に乗ってすやすや眠る自分の姿にどきどきした。そして同時にめちゃくちゃ楽しそうにジェンカを踊る穂子さんや、上半身はだかで体を動かすぺぺさんの姿にうらやましさを感じた。そこだけ風がぴゅーっと吹くような開放感を感じた。なにがそんなに楽しいのかもわからない。「おどりがおどれなきゃわからない」でも、僕が素直に思ったのは「うらやましい、踊りたい」だった。

僕はペペさんに、「つまらない生活してるね」と思われることが怖かった。ペペさんの撮影をしているあいだ、ずっとモヤモヤしていた。

あのときがもしかしたら人生で一番楽しかったかもしれない。

ペペさんがポロリとこぼした言葉に、いまの僕が存在する意味を与えられたような気がした。

『現代思想』で沈没家族がとりあげられたとき、ぺぺさんは保育人の一人としてこんなことを書いていた。

子供がこんなにかわいいということは驚きであった。これでは、万一自分に子供などできようものなら、いやな仕事でも「子供のためだ!」などと言いながら続けまくってしまうかもしれない。そんなことに気付かせてくれたこのプロジェクトには感謝してもしきれないものがある。ああ、世の中ってこうして回っているのか。世界の秘密の一端を垣間みた。

大人も不安だった

子どもたちがどう思っているのか不安だったというひとは、ほかにもいた。沈没ハウスのリビングの隅で、いつも黙々と漫画を描いていた藤枝さんだ。

大阪にいた彼女は、二〇歳のときにだめ連が載っている雑誌を読んで興味をもち、上京して、いろんな家やスペースを間借りしながら転々としていた。沈没ハウスでもリビングで居候のような状況になっていたが、その後正式に住み始めるようになった。

めぐがいつも覗き込んでいた原稿は賞をとって、単行本として出版された。藤枝さんは沈没ハウスを出たあと、同じく同居していた佐藤くんと結婚して子どもができた。僕が撮影に行ったのは、子どもと三人で暮らすマンションだった。

子どもはそのときちょうど四歳くらい。それくらいの子どもと触れ合う機会もほとんどないから、一緒に遊んだりもした。アンパンマンのぬいぐるみで遊びたそうに、ずっとカメラの前を横切るその子をみて笑いながら、藤枝さんはこう語る。

沈没ハウスで、子育てするのめちゃ大変だなと知ることができた。あそこで経験することができた。でも同時に、子育てって手を抜いていいんだなということも知れた。

沈没家族は、子ども中心で回っていたわけではない。大人も子どもも、それぞれ好きに生きていた。佐藤くんと藤枝さんは、僕にとって保育人というより「同居人」という感覚だった。それでも子どもと同じ空間にいて飯を食うのは、大きい経験だったのだろう。

佐藤くんと盛り上がったことがある。僕が佐藤くんからげんこつをもらったことだ。

土が車道にゆっぴを連れて飛び出したときに、危ないからげんこつしたの覚えてる?

——え、それは覚えてないけど、俺が小学校を休んでいた時期にむしゃくしゃして佐藤くんの畳んである洗濯物を部屋中に撒き散らしたら、げんこつされたのを覚えてる。

あ、それは覚えてない。イライラしてたんだな。申し訳ない。

藤枝さんと佐藤くん。沈没の人たちの年齢をあまり気にしたことはなかったけど、二人とも若いほう。当時二〇代前半くらい。二人とも、途中から沈没ハウスの住人となった

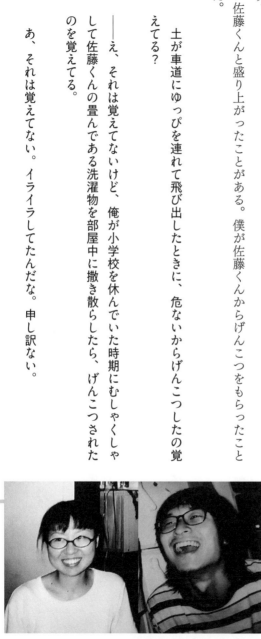

笑いながら話していたが、僕のなかで佐藤くんは「洗濯物投げたらめちゃキレられたひと」で記憶が終わっていた。だから、笑えることがうれしかった。自分にとってベストな子どもとの接し方を模索するというやり方だったから、その経験がいまの二人にも活きているのかもしれない。

撮影中、子どもが何回もカメラの前を往復していた。「風船割れた」とか「YouTubeみたい」とかわめきながら映るさまは、沈没家族の話を聞くのに最適な環境だと思った。撮影の合間、僕がその子と一対一で遊んだりもした。四歳の子どもはとてもパワフルで、単純に体が疲れる。遊んでいるあいだ佐藤くんと藤枝さんはそれぞれネットサーフィンしたり、横になってゴロゴロしたりしていた。子どもと遊びながら、その横で親がだらだらしている様子が、少しだけ沈没家族と重なってみえた。

このやり方で、あんな家族でいいのかという不安もあったのだと思う。藤枝さんは映画のパンフレットに漫画を描いてくれた。自分の存在が彼女の人生に少なからず影響を与えていることが漫画で読めたのはとてもうれしかった。

藤枝さんは「ママがママがと土は言ってたから、自分は近所のおばさんなんだなと思って少し寂しくもなった」と映画のなかで語っている。だけど、近所のおばさんが家にいることで、僕は穂子さんを絶対的だと思わずに済んだ。こういうふうに考えるひともいるんだと、気づくことができた。

　藤枝さんが撮影したビデオは一〇〇時間以上あって、映画でも使わせてもらっている。家庭用のビデオで、たとえば、みんなで見に行っためぐの運動会を撮っていた。手ぶれしながら、ざらついた画面が目当ての子を追って、ズームしたりせわしなく動く。子どもの運動会の映像という成長の記録を「近所のおばさん」が撮り、そこに「近所のおじさん」が何人も映っているのは面白かった。

　ビデオにたくさん残っていたのは、住人だった藤枝さんが撮った沈没ハウスの日常だった。保育ノートやフリーペーパーには、訪れたひとたちの記録がたくさん残っているから、沈没ハウスにいつも誰かひとが来ているように思える。僕もそんなふうに記憶していた。タバコの匂いと交流するみんなの声。だけど、ビデオには住人だけの時間がたくさん残されていた。


　ある日の夜、沈没ハウスのリビング。ワンピース姿のゆっぴが、保育園で習ったのだろうか、ダンスを披露している。ゆっぴの母親は座ってストーブに当たりながら、横で踊るゆっぴをみている。

　ストーブのまわりには白い囲いが置いてあって、タオルが何枚もかかっている（加湿用？）。このころ、しのぶさんと新しいパートナーとのあいだに子どもが生まれていたので、ガードの意味もあるかもしれない。

キッチンを背にして藤枝さんがカメラを構えているが、テレビがあるリビングの奥のほうは、電気がついていない。ちゃぶ台の上にはワインが一本と、何かの紙が載っている。

ゆっぴは、カメラ目線でどたどた踊っている。台詞もついているが、なんて言っているか分からない。完璧に踊りたいんだろうけど、どこかで台詞と振りを間違えてしまうみたいで、徐々に疲れてきている。母親も途中でちゃちゃを入れてくるので、ゆっぴ自身も飽きてきたようだ。藤枝さんは自分の声を入れないようにしているのかもしれないが、ふざけるゆっぴをみて笑ってしまう。

そこに、上から住人の一人が降りてくる。若干眠そうでテンションが低い。すると、穂子さんの声がした。

「ああ、そういえば弁当食べない？」

カメラはちゃぶ台の端から、映っていなかった僕と穂子さんに向けられる。僕が小学二年生のころだと思う。長く伸びた髪はさらさらしてる。ここ数年はずっと坊主だが、たまにはのばしてみようかな。

「あ、食べたい！」

僕に向けられた質問じゃないのに、飯となると食い気味に反応する。おっさんみたいな体型と言われるのも、このころからの積み重ねなのかもしれない。そう思うと感慨深くなるし、弁当に飛びついた土を好きになる。

穂子さんは「一個食べるのは多すぎるよ」と返す。また食い気味に土は「食べたい」と返す。いいぞ、がんばれ。「野菜食べなさいじゃあ」「食べるよ」ちょっとキレているが、条件を呑むことにしたみたいだ。

よくみるとテーブルの端で、僕と穂子さんは二人でバランスゲームみたいなものをやっていた。半球体の土台にいろんな形の積み木を置いていって、崩したほうの負け。まったく覚えていないが、多分そんなルールだろう。弁当問題が一段落してゲームを再開する二人を映して、短い映像は終わった。

静かな夜だった。二組の母子と住人がふたり。沈没ハウスには、こんなななんでもない夜がたくさんあったのだと思う。交流や保育の場でありつつも、それぞれの生活の場だった。それは、たくさんあるような家族の風景とあまり変わらないものなのかもしれない。

一五年ぶりの沈没ハウス

場所との出会いなおしも、僕にとっては緊張感のあるものだった。撮影をはじめて一年ほど経ったころ、僕は一五年ぶりに沈没ハウスに入った。

建物を外からみることは何度もあった。大学に入ってすぐ、ポレポレ東中野で映画を観たあとに、ふと思い出してふらりと行ってみると、沈没ハウスはまだそこに建っていた。

周囲とは異なる雰囲気を醸し出すその家は、かなりの築年数のはずだが、貫禄は相変わらずだった。その後、撮影で穂子さんと一緒に行ったり、めぐと一緒に行ったりしたが、外から眺めて思い出を語るだけだった。なんとなく、戦争で焼かれたお城の跡を観に行くような感じだった。

僕と穂子さんが沈没ハウスを出たあと、めぐやゆっぴやしのぶさんなど僕のよく知る人たちもそれぞれ沈没ハウスを出た。そのあとは、子どものいない大人だけのシェアハウスとなり、メンバーもどんどん入れ替わっていた。いまでも共同生活は続いているが、当時のように積極的に外からのひとの出入りを歓迎しているわけではない。なので、いまは「沈没ハウス」とも名乗っていない。

ただ、一人だけ僕が住んでいた当時からずっとそこに住んでいる人がいる。それがイノウエくんだった。

僕が沈没ハウスに撮影で入れたのも、イノウエくんがいたからだった。そのときは穂子さんも一緒に、一五年ぶりの沈没ハウス訪問をした。

穂子さんと一緒に東中野駅から沈没ハウスへ歩いて向かう。途中には神田川を渡る橋があり、総武線が走っているのがすぐ近くに見える。

銭湯アクア東中野、ラーメン森林、駅前の中華屋大盛軒。ポレポレ東中野に行くついでに寄っていたが、保育ノートをみると大人たちと一緒に僕も行っていたらしい。

外に一五メートルほどの短いプールがあるアクア東中野は、子どももタトゥーの入ったおじさんもみんな同じように、ふるちんで気持ち良さそうに泳いでいた。その光景が僕はとても好きだった。幼いころの土もそんなおじさんたちと並んで泳いでいたんだろうなと思うと、腹の出たいまの僕もふるちんで感傷的になってしまう。

大学生のころ、東中野は大学からすぐ近くで、生活圏内だった。沈没ハウスに一五年ぶりに入るとなると、見慣れていた風景が強制的にセピア色に変わるみたいだった。

沈没ハウスに着くと、イノウエくんが出迎えてくれた。少しだけ物の配置が変わっていたけど、ほとんど昔と変わらなかった。ただ、自分がそこに住んでいたという実感は湧かない。ちゃぶ台に座るには腹が出過ぎていて窮屈だったし、リビングの真ん中にあるしきりには頭が届きそうだった。

だけど、トイレだけはちがった。パッと思い出したのが、当時僕がおしっこをそこらじゅうに飛び散らせていて、いつもほかの住人からクレームが来ていたことだった。

「ちゃんとコントロールしてよ！」

「ちんこが言うこと聞かないんだもん！」

思い出すのは、あまりにしょうもないやりとりだった。というか、めぐと僕でトイレが汚いのがいやだったーとか言って盛り上がったが、僕のせいでもあったのだ。「歴史修正主義」は怖い。

そんなことを、小便しようと便器を見下ろしたときに思い出した。いまはコントロールできる！と思い、そのまま出てしまったが、飛び散ったかもしれない。現住人の方、ごめんなさい。そういえば、僕はこれまでずっと立って小便をしてきていた。みんな、いつぐらいに子どもにトイレの仕方を教えるんだろう。

フジテレビのドキュメンタリーには、うんちを漏らしてしまった土をトイレまで連れて行き、お尻を拭くイノウエくんの様子が映っていた。僕が見上げていた背の高いイノウエくんは、いつのまにか長かった髪の毛を切り、白髪まじりになっていた。タバコを吸っているイノウエくんを、めぐと僕で取り合うようにして、遊んでもらっていたのを覚えている。

いまのイノウエくんは、僕に敬語を使ってしゃべった。

――久しぶりに会ってイノウエくんが敬語なのはなんでかなと思って。

穂子　割と昔からそういう感じはあったかもね。

イノウエ　おかしいんだよ。ひととの付き合い方が。単純に。まあ、大人でしょう。小さいころのあなたを語るなら土でいいけど、いま直接話するんだったらそれはしょうがない。変な話だけど歴史上の土みたいな感じ。

「歴史上の土」という言葉が、とてもしっくりきた。昔の土はもういない。

そのとき沈没ハウスに行っていちばん良かったのは、一緒にタバコを吸ったことだった。キッチンの前にある換気扇の下の足の長いイスの上は、イノウエくんの定位置だった。

イノウエくんの定位置に座り、僕はいつもより時間をかけてエコーを味わった。タバコを吸う大人たちのことは記憶に残っていた。タバコを吸ってやっと、僕は沈

一番左がイノウエくん。換気扇の下で吸うのが一応ルール。僕はタバコ大嫌いだったけど、いまでは「エコー」ばんばん吸ってる立派な愛煙家。穂子さんから減らせと言われる

没ハウスに来たんだなと強く思えた。

たまごさん

たまごさんには、いちばん遊んでもらった記憶がある。僕らがアパートに暮らしていたときも、沈没ハウスに引っ越したときも、たまごさんはそこには住んでいないがふらりと家にきていた。片手にはいつもサッポロビールの六缶セットと、自分の持っている漫画。大人たちからも人気だったにちがいない。

めぐも言っていたが、「怒られたときに甘やかしてくれる」「ここにいけば落ち着く」、そんな存在だった。保育ノートには、たまごさんと外に出かけたときのことが書かれていた。

今日は今日で考えさせられること多し。まず、ふたりで買い物。その途中「おやつ買って」コーゲキにあう。一〇分くらい押し問答。
土「おやつ買うのー」一〇〇円菓子を手に取る。
た「買ってあげてもいいけど（今日給与日だし）ごはんを食べてね」
土「たーべーなーいーのー」

た「じゃ、おやつたべていいからごはんを食べてね」
土「おやつ食べるのーご飯食べないのー」
た「えーごはん食べようよー」そして最初に戻る。

帰ってきてご飯を食べるが今日は妙に甘えがちだ。最初は自分でスプーンを使って食べていたはずなのに、リクエストをするだけで、自分で食べなくなってしまった。うーん、こまった。俺も食べたいのに……。なんとか気の済むだけ食べさせると今度は「遊んで～」と泣かれた。「ちょっと待っておれいまご飯食べてるから」と説明するが、聞き入れてくれず。生まれてはじめて一瞬土に怒りを覚える。

土と仲良くなって出てくるジレンマのようなものを感じて考えさせられた。あ、だからといって土のこと嫌いと言っているわけではないのであしからず。

僕の行動やしゃべったことは、たくさんの人が逐一保育ノートに、本当に細かく書いている。自分で書き起こしてみるとやっぱり恥ずかしい。この文章も、会話のやりとりがそのまま書いてあったから目につい

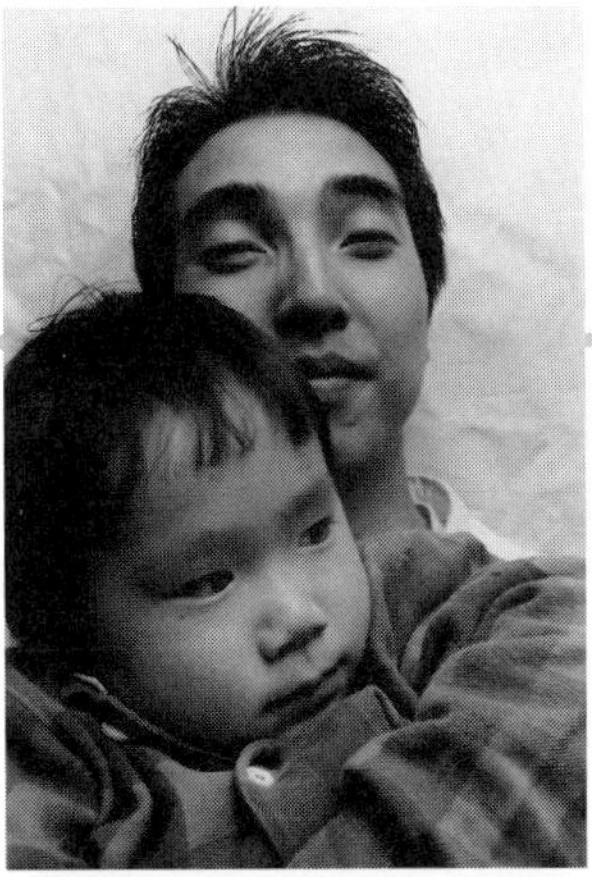

たまごさん。眼鏡をかけていないので、この写真を発見したとき誰だか分からなかった

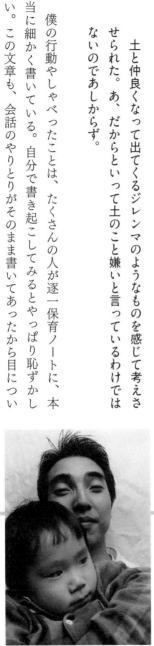

た。

意外だったのは、たまごさんの「怒りを覚える」という言葉だ。「怒り」という言葉は、僕の記憶の中のたまごさんとはつながらなかった。まあ、それは子どもの立場で甘えているばかりだった僕からしたら見えないところだったのだろう。

自分だって、飯食っているときに泣きつかれたら困る。いつもニコニコしていたたまごさんの煩悶を知れてとてもよかった。「保育人」じゃなくて、たまごさんの顔がぐっと見えた気がした。

ポレポレ東中野で映画を公開したとき、保育ノートの一部をそのまま拡大コピーして館内にかざった。保育士のお客さんが言っていたことが印象深い。

子どもと関わる仕事をしていてその日のことを親とやりとりしたりするけど、それって報告のような形だから、書いてる自分の主観はあまりいれないんですよね。でもこのノート、主観入りまくりで、見てておもしろいです。

ノートには、はじめて自分の名前を土が呼んでくれたときの喜びも、飯食ってるときに、なにも気にせずかまってもらおうとする土への怒りも、どう接したらいいかわからないという悩みも、それぞれの言葉で書かれていた。書かれたことについては、フリーペーパーやノートの上でも議論する。それぞれの悩みや、思いを共有できる場所があった。

しのぶさんは、子育ての悩みを家の中でぶつけられる相手がいることが沈没家族のよいところだった、と語っていた。とにかくみんな紙に自分の思いを書いていたし、言葉のやりとりをしていた。

沈没家族に関わっていたひとたちとキャンプに行ったとき、当時の沈没家族の雰囲気を思い返すような雰囲気で、みんなで話すシーンがある。夜もふけ肌寒くなったころ、ランタンをつけて車座になった。昼間焼いたローストチキンは骨だけになっていた。みんなそれぞれ酒を入れて気持ちよくなっていた。たまごさんは相変わらず、サッポロビールの五〇〇ミリを飲んでいた。

自分の子どもほしい気持ちとかはないのと聞かれたたまごさんは、こう答えた。

俺は自分の子どもがいたら、なんかうまく接する自信がないなっていうか、人の子どもだから接することができるんだよ。

——それはどんなところがちがうの？　ひとの子どもと自分の子ども。

やっぱり怖いよ。自分の子どもができるっていうのは。としか言いようがないなあ。そこでワクワクっていうよりも怖いっていうのがあるなあ。それが何かっていうのはわかんないねえ。でも沈没とかなんでもいいけど、子どもは超好きなんだけどね。

腕を組んでうーんとうなりながら、悩みながらそう答えてくれた。

映画では、山くんとの対比を見せるために使った。たまごさんのこの言葉は「結局、責任がないから来れるんだね」と言うひともいたし、「自分の子どもは怖いっていう感覚は、山くんよりも穂子さんよりも一番共感できる」ととらえたひともいた。

たまごさんは、子どもは怖いという。保育ノートには、急にいなくなる穂子さんに対して怒りをぶつけるたまごさんの文章があった。

今怒ってます。早く帰ってきてくださいホコさん。こまります。「保育」についてもう少し考え直してください。

次の日穂子さんは「ごめんなさい。電車でバクスイねむりつづけていました。おそくまでありがとう」と返事を書いていた。

「責任がない」「出入り自由だ」いくらでも言うことはできるかもしれない。ネットメディアの取材記事に対するコメントに、そんなことがたくさん書かれていた。責任がないやつに家にはいってほしくない、という類いのものだ。

責任ってなんだろうか？　僕はいま子どもはいないし、継続的につきあっているひとの子どももまわりにはなかなかいない。たまごさんの「子どもが怖い」という感覚が、僕には分からない。

親でも学校の先生でもない大人が、家にいてくれた。愛をもって接してくれた。それは、やっぱりとても嬉しかった。たまたまたまごさんが家にいてくれて、僕はとても救われた。それは血縁に関係なく、自分一人ではまだ生きていけないときに近くにいてくれたからだ。家の中に誰かいるというのは、僕にとってはそれだけ大きかった。

たまごさんは、僕だけでなく、めぐやゆっぴ、そしてその後の人生の中でもさまざまな子どもと関わってきた。編集ではカットしたが、キャンプのときの言葉の続きで、たまごさんはこんなことを話していた。

――二〇年くらい、子どもと遊んでるってことだよね。すごいよね。

うーん、いやすごいすごくないではないと思うんだよ。たまたま知り合いの友だちがそんな感じだったっていうレベルだよ。

——たまたま知り合いの友だちの子どもとずっと遊びつづけるってなかなかない気がする。

そうね。うーん、でもおれの人生はたまたまそうだったんだよ。

僕は、映画を公開するまでたまごさんの本名すら知らなかった。名前も分からないひとだけど、「たまたまそうだった」たまごさんに、僕は感謝している。

第八章

劇場公開

（土＝監督になる）

大学四年生の秋。まわりは就活を進めていたが、僕は撮影した映像の編集に明け暮れていた。就職する気がないわけではないが、いまできることはこれしかないと思っていた。そもそもスーツを着たりエントリーシートを書いたりするということが、頭になかった。

卒業制作

編集といっても、まずは映像を見返すことがメインだった。撮影ではとにかく、カメラをずっと回していた。「撮りどころ」や「抑えどころ」をあまり考えずに回していたので、必然的に全部撮るようになっていた。インタビューはたいてい飲み食いしながらになったので、いつポロリと大事な言葉が出てくるか分からなかった。

まわりのゼミ生が一五分ほどの映像をつくっているなか、次第に一時間を超える作品になっていった。編集ソフトの入っている大学のパソコンを使うため、授業もないのに、江古田まで毎日通った。

小さいころ穂子さんにいつも待たされて嫌だったタバコも、編集作業に頭を抱えているうちに、いつのまにか吸うようになった。とにかく素材が大量にあったので、どうやったら映画になるのか見当もつかなかったが、なんとかそれらしい「物語」にすることができた。ゼミの永田浩三先生は、とにかく人に会いまくって撮りたいように撮れ、いけいけと背中を押してくれた。

卒業制作は、六五分の長さになった。武蔵大学社会学部メディア社会学科の卒業制作として一時間を超える長さの映像を提出したのは、僕が初めてだったそうだ。

学内の発表会では、一〇人ほどのゼミ生の前で完成した作品を見せる。同世代のゼミ生は、目の前にいる僕と当時の土を見比べながら、文字どおり目を丸くしていた。ゼミ生は沈没家族をまったく知らないし、父親がいて母親がいて子どもがいるという家族の中で育ったひとたちだ。驚くのも無理もないのかもしれない。

ふだん編集室で他愛もない話を繰り広げ、ゼミ合宿ではガハハと酒を飲みあっていた彼らが、「なんか辻褄が合う気がした」と言ってくれたのはとても安心した。僕が当たり前のように過ごしたあの環境に、拒否反応を示されたらやだなあと思っていた。

卒業制作としては完成させたが、もっと時間をかけてよいものをつくりたいという思いが強くなっていた。一番のモチベーションは、映っているひとたちに見せることだった。いままではゼミ生にみせること、卒業制作として提出することをモチベーションにしてきたが、出てくれたひとたちにみせることを考えると、とたんに緊張した。

二〇一七年三月、フリースペースを借りてお披露目会をすることが決まった。被写体だけでなく、沈没界隈にいた大人たちにも集まってもらった。穂子さんもそこに合わせて来ることになった。僕はとにかく、最高のバージョンのものを持っていきたかった。

一筋縄じゃいかない

撮影した沈没家族の大人たちは、映像にまとめること、僕と再会できることを喜んでくれたし、その完成を心待ちにしてくれていた。ただ、穂子さんは少しちがった。

大学三年生の夏、沈没家族で卒業制作を撮りたいと穂子さんに初めて話した。あらたまってというより、さりげなく。ぽろっと。タバコを吸っていた穂子さんは、短く「うーん、一筋縄じゃいかないよ、それは」と返した。やりとりはそれで終わりだった。穂子さんらしい挑戦状のようで、なんだかとてもやる気が湧いてきたのを覚えている。

そのあとも、写真を貸してほしいとか東中野に一緒に行こうとかお願いをしても、彼女が撮影に対して前向きなのかよく分からなかった。撮影の勝手もわからない僕が急にお願いをしたりするから、めんどくさがっているような感じさえ受けた。

二〇一三年から穂子さんは、八丈島で「うれP家」という活動を始めた。当時、登録ヘルパーとして訪問先の利用者と仕事でしか関われないことに物足りなさを感じていた穂子さんは、月に一回、自分の家に利用者として知り合った人が集まる機会をつくった。お年寄りや精神障がいを持つ人、それに寄り集まってくる人などさまざま。棲み分けするのではなく、ごちゃまぜで飲んだり食ったり。島で獲れたものでポン酢やジュースをつくって、小規模ながら売ったりしていた。

僕が帰省したタイミングで、ちょうど「うれP家」の新年会が開かれることが決まっていた。だけど僕は、これ以上の撮影はいらないかなと思ったし、大学の単位取得のための試験もあったので、新年会の前日に船で帰ることにした。港まで車で送ってくれた穂子さんとは特に何も言わず別れたが、朝に出航して二時間、三宅島に着いたくらいで穂子さんからメールが来た。

ここまで撮っておいて、今私がやっていることを見ようとしないのは理解できないなあ　被写体より

それだけだった。甲板でそれを読んだとき、無性に情けなくなった。話を聞くの

東京に帰る僕を八丈島の港まで送ってくれたとき。「へんな格好だね」と言うと「かっこいいでしょ」と返された

はいつも昔のことばかりで、生身で今を生きている加納穂子という人間を僕は見ようとしていなかった。生きやすいほうを選び、今もゆるゆると動き続けている彼女を見ないことは失礼だと思った。

メールをもらってそれに気付くのも悔しかった。船はゆっくりと東京に向かっていて引き返すことなんてできない。自分に対するダサさも収まらなかった。夜、東京に着岸したが、浜松町のすき家で牛丼を食べてすぐまた船に乗った。一二時間かけて引きかえすときは、あの場をどう撮るかだけを考えていた。

ぴあフィルムフェスティバル

映像は結局七二分になった。話を聞かせてくれた人たちに映像を見せるとき、とにかく緊張していた。上映中、僕は外でタバコを吸っていた。上映後には二〇人ほどを前に挨拶したが、そこで拍手をもらうことができた。とてもうれしかった。

みんなが、昔を懐かしんだり、映画の感想を話したりしていた。穂子さんはしこたま酒を飲みながら、「あんなシーンが出るとは、恥ずかしいな」と苦笑いしていた。

子どものころうっすらその場にいて感じていた、沈没家族のリビングが自分の目の前にあるようで、懐かしかった。目の前にその光景があることが一番うれしかった。

『沈没家族』は、本当はこれで終わりのはずだった。だけど、大学の卒業式の日にお披露目会で見せたものを、自主映画のコンペティションである「ぴあフィルムフェスティバル（ＰＦＦ）」に応募したところから、物事が動き出していった。

ＰＦＦ入選、審査員特別賞まで受賞して、そのあとはいろんなところで自主上映会を開いてくれた。まさかまさかの連続だった。国立映画アーカイブの大きなスクリーンで、自分の腹やお好み焼きのかすを手ですくう姿を見るのは不思議だったし、それを大真面目な顔でお客さんが観てるのもなんだか笑えた。ＰＦＦまで観にきてくれた沈没家族のみんなも、同じように笑っていた。「あんな泥酔シーンを見られるとは」「私の撮ったビデオが下手でごめんね」

「沈没家族」を観に来てくれるひとがいるのが僕はうれしかった。ほとんどがその存在を知らないひとばかり。二〇年前の東中野での共同保育に驚くひともいたし、僕が上映後にひょこっと現れることが、この映画が珍しがられる理由にもなっていた。

テレビやネットメディア、新聞でも『沈没家族』は取り上げられるようになった。「ワンオペ育児」「九〇年代の時代の空気」「父と子の関係」「支え合いのコミュニティ」この映画にはとっかかりになるトピックがとても多いのだと思う。いまの日本社会でも注目されるものであることは、取材を受けて僕も実感するところだった。映画から豊かに生きるヒントを得られる、子育てのプレッシャーからすこし解放されるひとがたくさんいることは思わぬ発見だった。
ただ、取材をぜんぶ引き受けて話をするうちに、そこで話していることが自分のことのように感じられなくもなってきていた。監督であり一番の当事者でもあるのに、取材で聞かれることはたいてい、沈没家族の成り立ちや仕組みばかりだった。そこで育った僕だからこそ答えられることや、映画にこめた思いなどはあまり聞かれることがなかった。
映画のなかに、自分がいない感覚があった。PFFでは、応募した監督全員に予備審査員から講評の手紙をいただけるのだが、そのうちの一人からも、同じようなことを言われていた。

気になったのは監督が自分のことを僕や私ではなく、「土」として一歩引いた視点で取材をしていたこと。「沈没家族」が面白いことは当然として、ではその結果産まれた「土」という人間がどういう人間であるか、やはりそこに向き合わなければ作品は完成しないのだと思います。

会って話を聞くことが、いちばん初めに僕がやりたかったことだった。だから、自分を出すことはあまり意識せずつくろうとしていたのかもしれない。

　セルフドキュメンタリーというジャンルに対して持っていた認識もある。九〇年代なかばころから、機材が安価になったこともあり、大きな権力や社会問題ではなく、自分の家族や育った環境を題材にして、一人でカメラを回した作品が増え始める。育った環境にトラウマを持つ監督が、「おとしまえ」をつけてもらうために、なかば憎悪のようなものを燃料にして被写体に対峙する作品が多かった印象がある。僕も多くの作品を観てきたが、セルフドキュメンタリーとはそんなイメージだった。

　僕の場合は、沈没家族に対して憎悪もなければ、おとしまえをつけてほしいわけでもなかった。「オトナになった土から殴られるんじゃないか」とぺぺさんは保育ノートに書いていたが、そんなつもりはなかった。僕は「僕」が前に出るほど強い思いがなかった。だけど、この作品に出てくる加納土が「僕」になっていないから、取材のときに、のどに小骨が刺さったような違和感があるのだと思った。

ポレポレ東中野

　そんなとき、ポレポレ東中野という映画館のスタッフから、『沈没家族』を劇場公開しないかとオファーがあった。沈没家族がうごめいていた東中野にある映画館だ。穂子さんが僕を保育人に託してレイトショーを観に行っていたのも、ポレポレ東中野の前身・BOX東中野だった。

僕にとっても、ドキュメンタリーの聖地だった。大学が終わったあとはたいていそこに行って映画を観ていた。沈没家族を離れたあと、東中野という街と僕をつなげていたのは確実に、ポレポレ東中野という映画館だった。

僕は「僕」の映画として映画をつくりなおすことを決めた。配給会社についてもらい、いままでなかったチラシやホームページ、予告編も新しくつくることにした。PFのスクリーンでは僕と数人の名前しかなくて寂しかったエンドクレジットにも、急にたくさんの人が並ぶようになった。配給、そして構成として入っていただいた大澤一生さんと、映画を一緒につくりなおした。

テーマはとにかく「僕」を出すこと。そしてより多くのひとに観てもらうことを念頭に、沈没家族のことをお客さんに理解してもらうようにすることだった。

いままではなかったナレーションを、自分の声で入れた。ナレーションを書くのはとても難しかった。大澤さんと話しながら、具体的な感情を映画に載せるための言葉にしていった。

それは映画にするために、自分の感情を編集する作業でもあった。切れのある言い回し、伝わりやすい長さ、情感をこめる間。どこかでとりこぼすところがあるし、おおげさなところもある。正味九三分の映画で表現する必要があったから、僕のすべての思いを長々とナレーションで入れるわけにもいかなかった。

「土」として一歩引いた状態で撮影していた素材に「僕」の声をつけるのは、頭を悩ませる作業だった。そんなとき、一歩引いたところで僕の感情を整理して映画に落とし込んでくれる大澤さんは、映画のリアリティを僕に見せてくれた。全国各地の映画館でこの映像を見せる。そうなったときに、大澤さんの言葉はひとつひとつ映画の道しるべになってくれた。

周啓くん

劇場版にとって大きいのが、MONO NO AWARE に音楽をお願いしたことだった。周啓くんは八丈島の高校の先輩で、そんなに大きくない学校で、顔をあわせたら普通に話す仲だった。それがいつのまにかバンドを組んで、にょきにょきと頭角をあらわして、有名なフェスやライブに出まくっていた。大学で知り合った友人が MONO NO AWARE を知っていたら、島の先輩なんだぜ～と自慢できる存在になっていた。知らない友人にすすめて、ハマッてくれたらとてもうれしかった。

高校のころからただものじゃない感じのあった周啓くんは、とにかく言葉遊びが好きで、出くわしたらフリースタイルで仕掛けてくるようなひとだった。言葉遊びに真面目な人で、考えることが本当に面白かった。

卒業制作版ができたとき、周啓くんにDVDを送った。そのときから、沈没家族の存在をおもしろがってくれていた。だから、彼に音楽をつくってほしいと思った。彼が音楽で表現する沈没家族がどんなものか、聴いてみたいと思った。

渋谷のサイゼリヤで周啓くんとあったとき、「実はひとが子どもから青年に成長していく過程をテーマにしたアルバムを作ろうとしてるんだよね」と言われた。おおこりゃ運命だ！

話はスムーズにすすんだ。周啓くんの、「理性」と「本能」という言葉をよく覚えている。小さいころはなんでしていたのかも分からないことが、大きくなるにしたがって、「理性」のもとでできなくなっていく。しかも、そのしていたことすら分からない。そんなことを彼はばばばとせきを切ったように話していた。

僕にとっての「本能」は、もう自分では身に覚えがまったくない、全身で自分の思いを表現する小さいころの土だった。なぜ保育園にパンツを履いて行かないといけないんだといって、玄関でだだをこねる土。お茶碗がいつもとちがうといって、寝転びながら飛び跳ねて怒っていた土。

僕はぜんぜん覚えていなかった。でも、記録には本能で動いていた土が残っている。

僕はそれがうらやましかった。僕にとっての「本能」は、中野駅前で楽しそうにジェンカを踊る沈没家族の大人たちの姿でもあった。

「おどりがおどれなきゃわからない」周啓くんがその歌詞を出してきたとき、びっくりした。それはジェンカを踊れない僕のことだった。

「本能」という言葉を周啓くんから聞いたときに思い出したのが、山くんと屋上でボクシングをした穂子さんのことだった。フリーペーパーに穂子さんが書いた「土・日記」（二月二二日）にはこんなことが書いてあった。

コドモたちのケンカをみた。押し合っていた。土は口をふくらませておもいっきり「ブーッ」とやる。わたしは土が〝コドモになったんだなあ〟とおもった。わたしがボクシングをしたいとおもうのはやっぱりコドモじゃないからかなあ。

「本能」に従ってずっと生きてきたようにみえる穂子さんの中にも、「本能」に対しての憧れのようなものがあったのだと思う。だからこそ、この感情はとても普遍的なものなのだと思った。

それを穂子さんに感じさせた相手が僕だというのも面白かった。まあ、そこからボクシングをやっちゃうのが変態だなあと思うけど。周啓くんから本能と理性の話を聞いて、いろんなことを思い出した。

サイゼリヤで僕が周啓くんに話したのは、童謡「思い出のアルバム」についてのことだった。八丈島へ行く直前、穂子さんと僕の送別会で丸くなった大人たちがいつものように机をぐちゃぐちゃさせ、酒を飲みながら「思い出のアルバム」を歌っているシーンのことだ。酔っぱらった声で、音程も外しながら、二番の歌詞もうろ覚えでみんなが歌う「思い出のアルバム」を、僕はリビングの反対から、布団にくるまりながら聞いていた。そんな映像だった。

あのとき僕はどんな気持ちでこの歌を聞いていたんだろう？　「思い出のアルバム」は、僕の頭の中にずっとこびりついていた。

わからない、覚えていない、踊りを踊れない。そんないまの僕の立場で撮った映画に、もう一度「思い出のアルバム」を流したい。そんなことを思っていたから、周啓くんにメロディの点で一つだけ、これをアレンジして入れられないかという相談をした。

そして周啓くんに最後に伝えたのは、「ありがとう」という気持ちだった。

フリーペーパーに載っていた穂子さんによる「土・日記」。読んでると、子どもって面白いなあと思う。自分のことだけど

土・日記

かいた人 加納穂子

2月10日(月) 2歳9か月と8日目

朝起きたら「ツチ」と呼んだ。
呼んだ後で土がツチじゃない
ような気がした。頭痛のせいで
記オクがこわれてるのかも。
土は「ツチ、43才だよ」と言っていた
けど、そういうことなのかなあ。

2月11日(火) 2歳9か月と9日目

土は癖がある。
でも「タマゴさんちいく、タマゴさんちいく」
と言ってあばれていた。
それでベビーカーにのっていった。
土はタマゴさんを追っかけていて
わたしが近づくと「ママきちゃダメ」って言った。

2月12日(水) 2歳9か月と10日目

早おきをした。
朝から10mダッシュをくり返している。
走ってはふり返ってまた走って
行ったりきたりしていた。
仕事でトラブルがあって6時のお迎えに
間にあいそうになかったので
しのぶとめぐに行ってもらう。

2月22日(土) 2歳9か月と20日目

コドモたちのケンカをみた。
押し合っていた。
土は口をふくらませておもいっきり
「ブーッ」とやる。
わたしは土がコドモになったんだなあ
とおもった。
わたしがボクシングをしたいとおもうのは
やっぱりコドモじゃないからかなあ。

月3日(月) 2歳9か月と29日目

久しぶりに土に会ったのだ。
土はハナをたらしていて、
手がつめたくてとてもよく
しゃべった。手をつないで歩いた。
[redacted]くんとわたしと土の手を
ちょっぽづつ持って買物をした。
土はひきづられながらケラケラ
笑っていた。

月4日(火) 2歳9か月と30日目

保育園におむかえに行くと
とびはねながら出てきた。
フロ屋にいくとはらばいになって
タイルの床の上を泳ぐように
進んでいた。
「バナナジュース」としきりに言うので
買う。わたしがちょっともらうと[redacted]
「のみれなくなっちゃったー(ジュースが)」
と言って泣く。

月8日(土) 2歳10か月と3日目

スゲーふつかよい(わたしが)。
3時すぎぐらいからでかける。
2人で井の頭公園に行って、いせやで
焼トリをたべる。土はボートをずっと
みていた。ゆざわやの屋上で
カーレースをみる。
久しぶりのデートはたのしかった。

月9日(日) 2歳10か月と4日目

さつきさんとマコリんと、わたしと土で
高尾山に行く。ボーとしてた土が
火を渡ったらパワフルになった。
山のなかでゴロゴロころがって
"葉っぱおばけ"になる。
山においていったらそのまま 山の生物
になりそうだった。

A・I・A・O・U

経済的に厳しいシングルマザーの穂子さんと、その前で横たわる赤子を救ってくれたのは、まぎれもなくそこに来たひとたちだった。義務でも契約でもない。来たいひとたちが来るという、ゆるゆるとしたつながり。オムツを替え、ごはんを食べさせてくれて、遊び相手になってくれた。

沈没家族に負けてらんないと、週末僕と遊んでくれた山くんは、一生懸命に僕と、そして穂子さんと対峙してくれた。撮影をきっかけに、お互いに腹を割って話したときも変わらなかった。山くんとは相容れなかったが、平日の世界も休日の世界も、僕にとっては誰かが近くにいて寄り添ってくれる豊かな時間だった。

一番長い時間をともにした穂子さんには、場を作ってくれてありがとうという想いがある。子どもは親がいちばん愛情を持って接しなくてはならないという規範があるとしたら、穂子さんはそこから外れているように見えるのかもしれない。でも、彼女は自分ひとりでは育てられないということを認めたうえで、ひとに助けを求めた。「できない」というところからスタートして、チラシをまいた結果、たくさんのひとが穂子さんに巻き込まれていった。そんな彼女の判断に、一番愛情を受けたと感じる。

世界にはこれだけたくさんのひとがいることを、小さいころから知ることができた。

それを選んだ彼女に対して僕は強く感謝している。

いま書いたことは、それまで感じたことがなかった。一五年間離れていた沈没家族の大人たちは、僕にとって過去のひとだったし、いまの自分とのつながりを感じることはなかった。でも、再会して本人たちが楽しそうに話すエピソードには確実に僕がいたし、保育ノートにはその証拠が残っていた。山くんが撮った写真を見つけなければ、彼がどれだけ家族の形を模索していたのかもわからなかった。一緒に酒を飲み花札をする、友だちみたいな関係だった穂子さんに、あらたまって感謝するなんて考えていなかった。

だからこそ、映画を撮ることで気付いた感謝の気持ちを、MONO NO AWAREの音楽には入れたかった。タイトルは「A・I・A・O・U」。不思議なタイトルだが、これには意味がある。小さいころは母音でしか話せない赤ちゃんが徐々に言葉を話せるようになって、「アイアオウ」から「ありがとう」と言えるようになるという意味だ。

感謝を伝えるのはとても恥ずかしいことだが、大人になって言葉が話せるようになったからこそ、映画のエンディングとしてあらためて「ありがとう」を言いたかった。昔は自分が世界の中心で暴れん坊だった「土」は、思ったことをすぐ口に出

八丈島を去る船の上から。「沈没家族」という文字は、フリーペーパーから抜き出してきた。「A・I・A・O・U」が流れて、これがラストシーン

して、やりたいことをすぐやっていたのだと思う。パンツを履きたくないと言ってだだをこねた結果、ふるちんで保育園にいった土はもういない。だから、思っていたことがあっても、それをなかなか言葉にするのは難しかった。卒業制作で、僕が「僕」を出さなかったのはその照れがあったからだと思う。

「家族」だから感謝してるわけではない、ということも伝えたかった。保育人も山くんも穂子さんも等しく一人の人間だった。彼らは「保育人」や「父」や「母」という役割として僕に接していたわけではない。

公開が始まる二カ月ほど前、はじめてライブで「A・I・A・O・U」が披露された。満員のお客さんの前で歌う周啓くん、そしてギターの成順くん、ベースの竹田さん、ドラムの柳澤さん。みんなかっこよかった。歌が、演奏が、詩が、メロディが、大きなうねりを生んでいた。僕にとっての思い出のアルバムでもあり、お客さんひとりひとりにとっての思い出のアルバムでもあった。

ままぱぱ　えんぴつ　ぶーぶー　ひまわり
ずっとずっとずっと知ってること

それはなんのサイン？　おそらくきいてもわからない
それはなんのサイン？　おそらくだれもわからない
おどりがおどれなきゃわからない

今さらながらアイラブユー、マム
遅ればせながらアイラブユー、ダッド
そんなことはずっと昔からわかりきってはいたけど言うよ

常識、非常識、必要以上の必要最低限のマナー
モラル、ルールにがんじがらめ
間違えちゃダメだってしかし新しくなきゃって
言われて育って　今になってみれば
使えなかった言葉使えるようになればなるほどに
口にしなくなるようにできてるらしい
テレパシーがほしいとさえ思わなくなったのも
テレパシーって言葉を知ってからだし

それはなんのサイン？　おそらくきいてもわからない
それはなんのサイン？　おそらくだれもわからない
おどりがおどれなきゃわからない

今さらながらアイラブユー、いつものおじさん
勇み足ながらアイラブユー、未来のあなた
そんなことはずっといつまでも思い続けていく気がするよ

背が伸びて声が変わって
こないだより言葉も覚えたよ

いくつもあった僕にしか
見えないはずのものは忘れたよ

気づいた時には繋いでた
手も繋ぐことはもうなくなったね

でも生き様は見てた
今それを追ってるんだ

ありがとう

新しい家族

ポレポレ東中野で映画を公開する際、本当にたくさんの人の力を借りた。NHKのドキュメンタリーでナレーションを担当していた佐野史郎さんに、映画を観てもらいコメントをもらった。その最後の一節は「この映画が土くんにとっての家族なら僕もまたいれてほしい」という言葉だった。

前売券を預かってくれるひとがいて、音楽を作ってくれるMONO NO AWAREがいて、トークゲストに出てくれる方がいて、配給がいて宣伝がいて映画館の受付がいて、映写係がいて、スクリーンに『沈没家族』が映し出されていた。上映後には、「土くんだっこしたことあるんだよおれ！」と言って笑いながら話しかけてくれる、名前も顔も分からないおじさんもいた。毎回感想を伝えてくれるお客さんも。みんな、映画をつくって公開して舞台に立ったことでできた「家族」だった。

映画は、劇場のなかだけでは終わらなかった。卒業制作版のころから、舟之川聖子さんという方がファシリテーターとして、劇場の上にあるカフェ・ポレポレ坐で参加型対話イベントを開いてくれた。

「語らずにはいられない！「沈没家族」のそのあとで」と題されたそのイベントでは、監督やゲストが一方的に話すのではなく、とにかく参加者同士が語る。集まったのは年齢、性別もさまざまな四〇名ほど。映画の感想を誰かに話したくて仕方ないというひとから、みんながどう思ったか聞いてみたいというひとまでさまざま。

イベントのあと、参加者のひとりは「自分の育ってきた環境を語ることって、なんかやっぱり少しタブーっぽいところ、神経質になってしまうところがあるけれど、『沈没家族』を観て、家族のこと、ひととかかわることについて話がしたくなりました！」という感想を残してくれた。「ひとんちの話」から「じぶんちの話」になっていることがとてもうれしかった。映画がひとりでに、ぽーんと遠くへ飛んでいったような感じがした。

＊

東中野の駅前で、穂子さんは保育人募集のチラシを配って沈没家族をはじめた。僕も二〇年後、同じ場所で映画のチラシを配った。

東中野が舞台の共同保育のドキュメンタリーです。ポレポレ東中野で公開されます。共同保育で育てられた僕自身が監督をしました。

ポスターを貼って、サンドイッチマンのような姿になり声を張り上げながら配っていると、僕を二度見してギョッとして受け取ってくれる人が何人もいた。駅前でチラシを配る僕の姿は、フィクションのようだった。

劇場では毎日、出会いが出会いを呼んでいた。映画を撮ったことで、たくさんの最高なひとたちとも仲良くなれた。僕が映画を世に出そうと思わなかったら出会わなかったひとたちだ。

僕は、映画を公開することで「家族」をつくろうとしていた。あの、ひとがひとを呼ぶ沈没家族と穂子さんに対して、負けてらんないという気持ちがあったからだと思う。大学の編集室でうんうん頭を悩ませていたときは考えもしなかったけど、チラシを配っているときの僕は、初めからそれが目的だったかのように思っていた。

二カ月半のポレポレ東中野での公開中に、一〇〇回以上舞台挨拶をした。「監督じゃなくて、土くんと呼びたくなるなあ」と、上映後に話しかけてくれるお客さんがたくさんいた。映画の「土」と目の前の僕を結びつけて、「土くん」と呼んでくれるのはとてもうれしかった。

福寺公園はいい所だった。

第九章

人間解放

（土＝これから）

「どんな家族をつくりたいですか？」

トークでも取材でも必ず聞かれる質問だ。難しい。ほぼ間違いなく答えに詰まる。いつもへらへらしながら、「どうですかね？」と逃げる。そして帰り道や寝る前に、もやもやと考えてしまう。

「沈没家族を自分でもやりたいと思いますか？」という質問も含まれているのだろう。だけど、沈没家族はやりたくてできるものではないと思う。

穂子さんのようにはなれない

写真家の植本一子さんに、ポレポレ東中野のトークゲストに来ていただいたときのことだ。

「自分もやりたいけど、どうやったらああいうかたちができるんですか？」

壇上でそう質問されて、僕はめちゃくちゃアワアワしていたと思う。穂子さんという個人のパワーがとても大きいと思うからだ。

かといって、若かりしころの穂子さんと友達になれればできるかもですね……と答えるわけにもいかず、お茶を濁すことになった。

穂子さんのようなカリスマがないと共同保育は成り立たないのか？　僕はずっともやもやしていた。このことは、穂子さんに対する劣等感ともつながっていた。しのぶさんや関わっていた大人たちが、不思議とみな口をそろえて言うことがある。

穂子ちゃんに対しては、ずっと片思いな感じがする。

沈没家族で共に過ごしていた人もそうだし、出産する前からの穂子さんの友人も同じことを言っていた。

穂子さんは、誰かと深い関係をつくりすぎない。家族の殻から出たくて高校の途中まで暮らしていた家を出たことや、山くんと僕の三人の血縁関係の暮らしから出てきたことと同じように、人間と接するときに「しがらみ」をつくることから逃れようとしているように思う。人を信頼しないとか、頼らないとかいうことではなく、風通しのよい関係をつくりたいのだろう。

八丈島でやっている「うれＰ家」も、決して彼女を中心にして動いているわけではない。穂子さんが旗頭となって目標を立ててもらうのではなく、それぞれ愉快な時間をそれぞれで決めて過ごすことを目指していた。みんなで手をつないで一つの目標に向かってがんばる、みたいなことではなく、誰もが理由もなくてもただ在るだけですばらしい場所だった。

映画のなかで、僕が大好きなシーンがある。「うれP家」では、次回なにをやりたいかをみんなで決める。家でだらだらする日にしたり、夏だったらバーベキューをやったり、新年だったら鍋にどんな具材を入れたいかなど、みんなで話し合って決める。僕が撮影した日もいつもどおり、みんなで話し合いをしていた。

そんなとき、一番うしろにいた年配の男性が、ストーブの上に乗る猫のしっぽを触りながら「しっぽふれ〜しっぽふれ〜」と小声で猫に向かってささやいていた。隅で猫と戯れるそのおじいちゃんの姿がたまらなくいとおしかったのもあるが、話し合いそっちのけなことも素敵だった。猫も、会議とおじいちゃんそっちのけで、隙間風ふきすさぶボロ家で一番あたたかいところにいて、幸せな時間を過ごしていた。

そのあと、穂子さんが新年の書き初めを始めた。彼女が書いたのは「人間解放」という言葉だった。なにか企んでいるような不敵な笑いを浮かべながら、「穂」という名前を書き入れた。のびのびと極太の筆で書かれていて、半紙からはみでそうなほど力強い文字だった。彼女の人生を表すような文字だった。

人間解放

この映画は家族の話ではなく、ひととひとの話だ。穂子さんが「人間解放」と書くさまを思い返すと、あらためてそう感じる。そう考えると、僕はとても気持ちが楽になる。すごく普遍的な話だ。僕の話だし、みんなの話でもある。

「二〇代の働くひとたちに向けて」「四〇代の子育て現役世代に向けて」「子どもがすくすく育つ秘訣は」取材で聞かれて、いつも悩んでいた。僕には、泣いている子どもをどうやってあやすのか困った経験はないし、働きながら子どもを育てたこともないからだ。

もちろんいまの日本社会で、ベビーカーを電車に乗せたら白い目で見られ、屋外で授乳をしたら敬遠されることがあるとは知っている。仕事と子育ての両立で、自分の時間がどうにも持てないひとがいることも知っている。けれど、自分はそれが分からない。誰かを代弁して答えることが、はばかられた。

そもそもの話、子どもとどう関わるかは、血縁関係にある家族や保育園の先生、沈没家族のような共同で子どもを育てるコミュニティにいるひとに限ったことでもない。そこに属していないひとたちも、自分ごとのように考えなければいけないことなのだと思う。少子化でやばいやばいと煽るんだったら、それはなおさらだ。子

穂子さんがうれP家の正月の書き初め大会で書いた「人間解放」の字。ちなみに二〇二〇年は、「思考再開」だった

どもは本来、社会に属するひとみんなで見ていくものだと思う。

映画を観にきてくれたお客さんで、こんな感想をくれたひとがいた。そのひとは逗子の公園で僕と穂子さんが、ビールと刺身を買って飲みながら山くんとの鎌倉での生活を振り返るシーンについて、こう話してくれた。

後ろで遊んでいる子どもの声も拾っちゃってて聞きづらいなと思ったけど、子どもの遊んでいる声をノイズとして捉えちゃってるのが、今の社会なのかもと感じた。

なるほどと思った。想定外の妊娠だったという重い話を僕と穂子さんの二人で話している夕暮れどきに、カメラの後ろでは小学生が「うんこうんこ」と走り回っていた。意図して撮ったわけではないが、僕はそのシーンがすごく好きだった。

社会で見るというのは、「下町にあった、隣近所のおじさんおばさんが子どもの相手をしてくれていた古き良き時代の関係性」みたいなことだけでもない。誰かが見てくれるということはとてもありがたいことなのだろうけど、それは局所的な、その場にいるひとだけで起きることなのだと思う。

そうじゃなくて、その場から離れたときに、もっと電車で、映画館で、公園で、その場にたまたまいた大人が、子どもを連れた大人とそこにいる子どもの気持ちを想像することが必要なのだと思う。ただ、やっぱり「人の子ども」とか「保育園の園児」とか、その場で役割を与えられている子どもを見ると関わりづらい。実際のところ、僕だってそうだ。

子どもだった僕のまわりに、自分がやったことを笑ってくれたり心配してくれたりする大人がたくさんいた。そこに属している人間かどうかは関係なく、だ。関わるひとがあまりにもたくさんいたから、知らないひともたくさんいた。だから、そこで笑っている人間が沈没家族の大人かどうかはどうでもよかった。

僕の立場では、沈没ハウスを一歩出たあとも公園や電車のなかで関わってくれる大人は等しく沈没家族の大人だった。まだものごころのつかない、そこらじゅうにいる子どもにとっても同じことだと思う。みんなが保育人だし、立場に関係なく笑ってくれたらうれしいし、心配してくれたら安心する。

子どもはもともと、大人よりもよっぽどそこにいるひとを「人間」として等しく見ている。でもそれを、大人がどんどん「区別」するように教える。嘘みたいな話で初めは信じられなかったが、都内のある小学校では、知らない大人からあいさつをされたら無視するよう子どもに教えるそうだ。たぶんそういう態度が、子どもや子どもがいる親の世界と、子どもがいない大人の世界を分けていくんだと思う。
　穂子さんは、「家族解放」じゃなくて「人間解放」と書いた。これは、すごく希望が持てる。軽さ、ゆるさ、矢印が四方八方に飛んでいる感じのこの言葉を見たとき、穂子さんが鎌倉でインタビューした際に話していたことを思い出した。

――子どもつくりたい願望とかはあったの？

いや別に。たまたま発生したんだよ。君という存在は。

　タバコを吸いながら、発泡酒を飲みながら、拍子抜けするような調子で。穂子さんのその言葉は、映画をつくる際、大事なものとなった。
　僕は映画をつくりながら、ずっと、いまの自分と沈没家族の自分とを結びつけて考えようとしていた。「沈没家族で育ったことで、いまの自分にどんな影響があるか？」ということに答えようとしていた。
　でも、八丈島での穂子さんとの生活も、週末の山くんとの生活も、大学生になってからの暮らしも、そのすべてがあって、いまの自分になっている。めぐも同じように考えていた。

セレモニーリゾート海賓
TEL 0468-76-0108

偶然を肯定する

僕は、沈没家族で育ったことはたまたまだと思える。沈没家族を始めた穂子さんから生まれてきたこともたまたまだ。偶然を肯定することは、人生を豊かにする考え方だと思う。

めちゃくちゃ仲悪いはずだった山くんとのあいだで、想定外の妊娠をしたのもたまたまだ。チラシを見て集まってくれた大人たちだって、運命とかじゃなくて、その場所その時期にたまたまそこにいたから僕と関わることになった。穂子さんが共同保育みたいなことを考えられる素地があったのも、たまたま実紀代さんというひとの家から生まれたからだ。なんだかそれでいいじゃないかと、映画をつくりながら思うようになった。

子どもは生まれる家を選べない。だからデフォルトで子どもは可哀想な存在なのだと思う。親の経済状況や職業、居住地、どんなご飯をつくってくれるかなど、子どもは自分で決定できない。不幸せだ。だから、親や近くにいる大人に従うしかない。

それでも僕には、沈没家族で育って楽しかったという思い出がある。そしていま、少なくとも生き延びていられることに関しては、沈没家族があったからだと思う。ラッキーだ。

でも、沈没家族のような、たくさんの大人が家に出入りする環境がつらいと思う子どももいるかもしれない。めぐと僕が二人で笑いあったように、「悪くないんじゃない？」とは言えない子どももいると思う。

たられぱの話だが、僕とめぐが中学生まであの家に住んでいたら、もっとちがう見方をしていたかもしれない。実家にいたころの幼い穂子さんと同じように、友だちにあそこに行くと靴下が汚れると言われ、あんまり家に友だちを呼びたくなくなり、酔っぱらいに絡まれるのがウザくなり、部屋にこもってぐれていたかもしれない。でもそれはいくら考えたって分からない。

広島の横川シネマでトークゲストとして来てくれた詩人のアーサー・ビナードさんは、自分がやっているラジオに僕を呼んでくださった際、こんなことを話していた。

映画の中でめぐさんと自分たちのことを人体実験と呼んでいるけど、僕はすべての子育ては人体実験だと思うんだよね。

たしかに、と思った。子どもは、自分で選べない。親の立場から、こんなふうに育ってほしいという思いが強くあっても、その子どもがどう育つのかはわからない。何が子どもにとって正しいのかもわからない。特殊な環境で育ったから「人体実験」という言葉がしっくり来たけど、どんな環境で親が育てても人体実験になるんだよなと思った。だって、生まれてすぐの子どもにとって「普通」はわからないから。

特殊な環境で育ったからといって、特殊な大人ができるわけではない。僕自身が育った過程を追った映画を通して、僕が伝えたかったのはそういうことだ。僕は別に善人でも悪人でもない。

家族を扱った映画が、いつもめちゃくちゃ温かい絆の物語か、ドロドロのトラウマにまみれた映画のいずれかばかりな現状に不満を感じたからかもしれない。僕とめぐは普通に育っているし、ゆるやかに沈没家族を「悪くないんじゃない？」と語っている。そんなひとたちがいることを僕は知ってほしかった。

映画の公開を通して、代理出産や里親、特別養子縁組、同性愛者のカップルの子育てなどさまざまなかたちが存在することも知った。全国各地で新しい家族のかたちを模索しているひとたちと出会うことができた。長屋で隣近所と一緒に子育てしているひと、シェアハウスに夫婦と数人で住んで子どもを育てているひと。

日本各地に、ワクワクしながら子育てをしている穂子さんのようなひとがたくさんいた。みな一様に漏らしていたのが、子どもが大きくなってこの環境をどう思うか不安だということだった。

そんなひとたちも映画を観て、「こんなゆるく考えていいいんだ！」と驚いていた。それでいいいんだと思う。かたちはちょっと変だけど、子どもは育つときは育つので安心してほしい。「どんな家族をつくりたいですか？」と聞かれたら、「なるようになる」と僕も答えるしかない。

劇場版を公開したとき、穂子さんは初日舞台挨拶に来てくれた。全国二〇館以上で公開することよりも、穂子さんに映画をみせるのが緊張した。場所は、彼女にとって馴染みのある東中野だった。

舞台が整って、ほぼ満員のお客さんの前で僕は壇上から穂子さんを客席から呼んだ。めいっぱいの拍手のなか現れた穂子さん。第一声は、「ラスト二〇分、トイレ行きたかったので、行ってきていいですか？」だった。

こんなにずっこけることってあるのかと思ったが、彼女の初日の感想はそうだった。彼女が何を言うかほかの誰よりも気にしていたので、僕自身、壇上でずっこけた。ただ、穂子さんと家で酒を飲んだとき、ぽろっと口にした言葉がなんだか嬉しかった。

土が映画作ってくれたことで、もう一度沈没家族のことについて考えることができたよ。

――そうか。よかった。この映画を全国に観てもらいたいとか思う？

　まあ、それは恥ずかしいですよ。こんな全国でやると思ってなかったしね。でも自分が生田の家（実家）で共同保育のヒントとかに出会ったのも、その人たちが外に向けてそれを出してくれたからだしね。だから、沈没をみてここからヒントを得られる人がいるなら、それはいいことだよねと最近思い始めた。

　おおげさかもしれないけど、穂子さんから「継承」を感じられる言葉だった。

　血の繋がらない大人たちに育てられた僕は、逆に血縁ということをモヤモヤと考えてしまう。いままでは子どもの立場で、与えられた環境で生きるしかなかった。だけど、これから年を重ねていくうちに、血縁というものに直面することが多くなるだろう。

　今の生活を送れているのも、みんばのおかげだ。大学の学費は、僕が大きくなったときのためにのんじとみんばが積み立ててくれていたお金から多くを出した。高校卒業後、みんばの家に住まわせてもらうことになったが、大学生のころは、家賃として払うお金は穂子さんが負担してくれた。おそらく、僕はとても恵まれた生活を送れている。祖父母がお金にある程度余裕があり、孫に対して負担をさせないようにしてくれていたからだ。血縁関係によって得られるいいことや悪いことが、これからたくさんあるかもしれない。

そんなことをぼんやり考えていたとき、みんばが亡くなった。二〇一九年の二月のことだった。

みんばの死

僕は大学に入ったときから、みんばと川崎の家に住まわせてもらっていた。生前、みんばと一番時間を過ごしていたのは僕だった。

川崎の家には綺麗なトイレと風呂があって、僕が行くと高そうな寿司の出前を頼んでくれた。沈没ハウスにはないもので、贅沢な暮らしがうらやましかった。

大学受験直前の追込みで川崎の家に数日泊まったときも、過剰に心配するのではなく、受験のおまもりを買ってくれたり、うまいものを毎日出してくれたりしたのがうれしかったし、なによりも僕のエネルギーになった。大学合格を知ったとき隣にいたのもみんばだった。あの夜はたしかうなぎだったな。

大学進学を機にみんばの家に住まわせてもらうことになったが、大学時代の四年間、僕は夜勤のラーメン屋でバイトをしていた。生活のサイクルがずれてきて、ふたりでご馳走を囲むことも少なくなった。

僕が冷蔵庫にあるものをなんでも勝手に食べてしまうから、食べてはダメなものにみんばが付箋をつけていた。散々迷惑をかけてしまったと思うが、年の離れた二人の不思議な「シェアハウス」だった。

寝ぼけ眼で昼ごろ起きると、みんばは決まって、窓際のイスで本や新聞を読んでいた。僕はいつもチャーハンや、パスタに市販のソースをかけただけの粗末な料理をみんばの前で食べた。

集団的自衛権、共謀罪、沖縄、福島、核兵器。テレビのニュースを一緒に見ているとそんな言葉がたくさん出てきた。それを見るといつもみんばがぽろりと話しだして、それを僕はおもしろく聞いていた。だらけていた自分のお昼が、みんばの話で引き締まっていった。

沈没家族の撮影中、みんばが自分ひとりでできることはだんだん少なくなっていったが、最後まで頭はしゃっきりしていた。ぼける前に死にたいとも漏らすようになっていた。当たり前のように目の前にいて、日本酒が好きで暇なときはパズルばかりやっていて、マックに向かって原稿を書いていたみんばが死ぬなんて、想像できなかった。

救急車で運ばれたときは、何もしてあげられなかったという思いでいっぱいだった。人の死に際に立ち会うのは初めてだったけど、穂子さんはじめ、きょうだいもシフトを組んで病室にずっといた。病院という場所がいまどういうふうになっているかわからないのだが、集中治療室とかは血の繋がっているひとしか入れないのだろうか？　そんなことをぼんやり考えていた。

穂子さんや山くんは父や母という感じはしなかったが、みんばは「祖母」という感じがとても強かった。家という殻から出たくてたくさんの人と子どもを育てる試みを始めた穂子さんが、母を看取って葬儀の手配をした。きょうだいが集まって、家で酒を飲んでいたことがなんだか不思議だった。普通の家族を知らない僕にとって、祖母の葬儀が初めての家族っぽい行事だった。

みんばが亡くなったのは、二〇一九年の二月。ポレポレ東中野で映画の公開が始まる二カ月前のことだった。亡くなる直前は公開前の宣伝や再編集などで忙しくて、みんばとほとんど過ごせなかった。それでも、車イスに乗ったまま、どうやって劇場まで行けるか一緒に調べたりもしたし、アフタートーク出てよーなんて話もした（何を話せばいいのか分からないよーと返されたけど）。

みんばは東京オリンピックはうんざりだけど、せめて春まではがんばって、箱根で花を見たいと話していた。四月の劇場公開も楽しみにしていたと思う。オリンピックは見ないで済んだけど、劇場で映画を観ることは叶わなかった。

亡くなったあと、みんばのパソコンを整理することがあった。僕がやり方を教えた彼女のツイッターのアカウントの上のほうには、映画の宣伝ツイートのリツイートがたくさん並んでいた。照れたけど、とても光栄だった。

アカウントをさかのぼると、一つのツイートがあった。まだ体が元気なころに、『沈没家族』卒業制作版をパソコンで観たみんばの感想だった。

いろんなところで上映されたのに見られなかった「沈没家族」。マゴと娘を見直しただけでなく、人間が信じられる気がしてあったかい気持ちになった。

映画のアフタートークに、祖母の古くからの研究仲間である社会学者の上野千鶴子さんが登壇してくださった。亡くなってから二カ月ほど経ったころだった。

上野さんは、加納実紀代から穂子、土への三世代のつながりに驚いていた。研究仲間のあいだでも、みんばは家族の話を全然しなかったという。みんばにとっての家族ってなんだったのか、もっと聞けばよかった。素直にそう思った。

穂子さんが、のんじ、みんばのもとで育ったことで沈没家族が生まれたのか、そのつながりは自分ではまだ分からない。家のなかの大量のジェンダーや女性史に関する本は、共同保育を考えるヒントになったとは思う。穂子さんはこう話していた。

子どものころ「女の解放」と書いてある本がいっぱいあったから、「女」は縛られている存在なんだって思ったりしたよね。

子どもに対して親の「理想」をつくろうとするのんじみんばへの反発、そっちがこうならという思いもあったと思う。もちろん家を出てからのいろんな人との出会いも影響しているだろう。

ひとりひとりが思想を持っている

一つの原因で一つの結果が生まれるわけない。だけど、僕が穂子さんと話して一番しっくりきたことがある。

思想っていうのは、なんか大きいものな感じがするじゃん。イズムっていうとなんかさ。でもひとりひとりが思想を持っているんだ、ということはあの家で身につけられた気がする。

穂子さんにとって加納家は、「自分の生活や暮らしは自分の思想のもと切り開いていける」という、すごく基本的なことを理解させてくれる場所だったのだと思う。沈没家族を始めてすぐ、フリーペーパーに穂子さんはこんなことを書いていた。

なんでこんなことをしてるかっていうと、

①やっぱり自分のやりたいことをやれる時間がほしーい。
②いろんな人との関わりの中で土が育ったら良いと思うし、私もそういう中で過ごしたい、のだ。

①と②はセットになっていてほとんど同時にでてくることなんだけど、①っていうのはなんだか大きな声では言えないフンイキを感じることもあり（「母親になったからにはそんなこと言うもんじゃない」とか「未熟な親」とか）、直接そういうことを言われることってあまりないんだけどなんでそんなふうに思い込んでんのかなって考えてみたら、「母親は我が子を大切に思うもの→大切に思うから子に気を配り面倒をみるもの→子と一緒に過ごすことが愛情の裏付けになるので安心できそうな保

育園に預けたり祖父母にみてもらうこと以外に自分のやりたいことのために子と離れようとも思わないもの」っていろんなところで思われていて、私も小さいときからそういうフンイキの中で育った気がする。

　でも、そういうのを気にして母親が子どもの監視役みたいになってしまうのはいやだなあ。私は、土やんと散歩したり、絵本を読んだり歌を歌ったりしたいのと同時に、暗室にいったり映画を観たりとかしたいよ。保育園や血縁関係だけじゃなく、土という人がいろんな人間の存在を身近に感じて暮らせるのはとても素敵なことだと思うし、私にとってはそのことが土と私の関係を大事にしていくことなのだ。あまり無理をして（気がつかないうちにでも）自分の感覚が鈍ってしまうと子どものこともよく見えなくなってしまう気がする。

　あっちにいったり、こっちにきたり、一方通行ばかりじゃないのがいい。言うことを聞くことばかり覚えさせられるのはヤダ。そんなふうなことを土を産みたいと思ったときに考えて、いろんな人が来てくれるようになって一年以上がたつけど、やっぱり楽しい。

　これからは土以外の子どもたちにもっと会っていけたらいいな。土ももう、保育にやってくる人の名前とかも覚えて、会えるのを心待ちにしている風である。

加納穂子

ここに書かれていることが、穂子さんにとっての思想なんだと思う。なにか大きいイズムや運動に巻き込まれることなく、やっぱり「楽しい」ということに穂子さんは真面目なんだと思う。

穂子さんはいま「うれP家」とは別に、一般社団法人八丈島ドロップスを島の仲間たちとともに立ちあげた。そのブログにはこう書かれている。

八丈島ドロップスは、だれもが自由に参加でき、そのひと自身らしく地域の中で《生きる・在る・はたらく》ことのできる場の運営をめざします。

困難に直面するだれひとりも、孤立することのない社会をみんなでつくるため、ともに考え、行動します。

地域活動支援センター【よけごん】と自然養鶏【とーとーめ】とヘルパーステーション【ドロップス】の三部門の事業を行っています。

八丈島に帰ると、穂子さんの手伝いをする。朝早く起きて、ヤギを小屋から出す。犬猫がなつくのは分かるけど、ヤギも人になつくんだと、穂子さんとヤギの交流をみて毎回驚く。

高校のとき、穂子さんが上京して不在のときには、サッカー部の朝練の前にヤギを小屋から出したりしていた。いくらかわいがっても、角でさしてきた。小屋に行くといつも、手に負えなくなり道路に逃げ出してしまい、朝練に遅刻したことを思い出す。

ヤギを車の荷台にのせて、鶏小屋があるところまで連れて行く。穂子さんの軽ワゴンは、いつも獣の匂いがする。前に付き合っていた彼女が八丈島にくるとき、なんとか車を綺麗にしようとしたが途中であきらめた。ぼろぼろの車を運転する穂子さんは、いつも短パンに長靴みたいなヘンな格好だ。

鶏たちが広い小屋で走りまわっている。沈没家族のリビングみたいにみえる。砂浴びをして気持ちよさそうだ。つながれたヒモを外されたヤギは、荷台から飛び降りると草をはんでいるうちに、一目散にどこか見えないとこに行ってしまう。

鶏が卵を産んでいるのを見つけると僕はいちいち感動してしまう。ポレポレ東中野での上映後に卵を売ったら、飛ぶように売れた。パンフレットよりも売れた日があって、笑ってしまった。

穂子さんの「思想」は、そんな当たり前の毎日からできているのだと思う。ほかほかの卵を抱えながら、車に乗って家まで帰る道すがら二人でしょうもない話をする。そんな時間が僕は好きだ。

あとがき

この本のゲラを、沈没家族のみんなに読んでもらった。それぞれからたくさんツッコミを受けた。このときはまだそういう形じゃないよ、とか。そこに至る経緯はそうじゃなくてこうだよ、とか。小学一年生でオール5という評価はないよ盛り過ぎというツッコミもあった。

記憶というのは、想像よりもあやふやなんだと思い知らされた。自分の記憶が果たして当時の体験にもとづくものなのか、それともその後に見た記録から再構成したものなのか、イマイチ僕も自信がない。

沈没家族には、たくさんの資料が残されていた。保育ノート、フリーペーパー、テレビ番組の映像、ホームビデオ、大量の写真。そこにいた大人たちの記録の量には圧倒される。そこには、それぞれのひとが見たいろんな「土」の姿が残っていた。

あるひとは、「おれはもっと土と接していたのに、本に書いてない！」と冗談交じりにゲラに書いてくれた。当事者なんだけど、当事者じゃないみたいな宙ぶらりんな感覚は、映画をつくるときも本を書くときも残っていた。関わっていたひとたちにとって沈没家族は生活の場であり、交流の場であり、青春であり、シェルターであり、負けたくない存在だった。それはまるで、それぞれの思いや記憶が乗っかった、ぷかぷか浮遊する島のようだった。島のどこにいるかで、見える景色は当然ちがう。

そのなかでもとくに、土という子どもは厄介な存在だった。「勝手にきれいにまとめてんじゃねえ！　おまえが思ってるよりもっと複雑だわ！」と、全身で怒りを表現してきそうな迫力があった。タイムマシーンに乗って過去に飛び、「いまのお気持ち、どないな感じでしょう？」と訊いてみたくなる。

穂子さんが書いた保育人を募集するチラシには、僕の名前、生年月日、顔写真の横にこんなことが書いてあった。

「音楽と電車が好き。（だとおもう）」

言葉を持たない子どもに対して、決めつけをしないその姿勢が、こういう細かいところに現れてるなあと思った。僕も、僕自身を決めつけたくはなかった。

この本を書いて、自分がなぜ、いまこうなっているのか答え合わせをしたかった。でも、答えをひとつには決めたくない。卒業制作をはじめてから、昔の自分の映像や記述を見るのに疲れて、避けていたときもあった（実際のところ、自分の写真や映像にずっと目を向け続けるのはとてもツカレル）。

ただ、いまの自分が幼い土をみたときに、これだけたくさんのひとに想ってもらえてよかったなあと素直に思う。保育人が残したノートにも、山くんが撮った写真にも、穂子さんが書いたチラシにも残っている。

これを書いているいま、新型コロナウイルスの感染拡大で、「集まる」ことの価値が変わるようなことが起きている。なにもかもが不確定で、正直、未来に対しての不安ばかりだ。

沈没家族は三密家族だよねなんて、友だちには言われた。同じ場にいることからはじまる沈没家族は、現代ではリスクの高い集まりなのだろうか。

沈没家族でいちばん助かったことは、子育ての悩みやそれ以外のたわいもない話を聞いてくれる人が、すぐ近くにいたことだったとしのぶさんは話していた。オンラインでもいいから、家族に外の風が入ることで、少しでも親という役割から離れられる瞬間ができたらいいと思う。穂子さんのように、まずは「無理だ」と発信してみてもいいかもしれない。そういう声があがったとき、みんながそれをキャッチできたらいいな。

沈没同窓会で、沈没家族ってなんだったっけ？と違和感を持って、会いたい知りたいと思ってから六年も経った。卒業制作、ＰＦＦ入賞、劇場公開、そして書籍の出版……。二〇歳の僕は想像もしなかったろう。

＊

こうして本を出す機会をいただくまでには、本当にたくさんのご縁がありました。多くの人に知ってほしい！という思いを持っていた僕を助けてくれた、すべての人に感謝です。

大学のゼミで沈没家族を取材することを後押ししてくださった永田浩三先生、ありがとうございました。ドキュメンタリーをつくった経験もなく、何も分からない状況で、たくさん助けてもらいました。

「劇場版」の配給として沈没家族を映画館に連れて行ってくださった大澤一生さん、ありがとうございました。劇場版では、構成という立場でも入っていただきました。当事者の僕とはちがう視点で、全国公開することを念頭に、たくさんの人に伝わるためにはどうすればいいか考えてくれました。卒業制作ではじまった作品を「映画」にしてくれたのは大澤さんの力が本当に大きいです。ありがとうございます。

映画の宣伝担当を引き受けてくださった加瀬修一さんは、マスコミ試写会や公開してすぐの不安なときでもそばにいてくれて、励ましてくれました。関わってきた映画の公開を何回も経験した加瀬さんからのアドバイスは、なにもかもが初めての僕にとって、本当に助けになりました。ありがとうございました。

劇場公開しませんか?と僕に声をかけて、上映を決断してくださったポレポレ東中野スタッフの小原治さん、ありがとうございます。小原さんとは、東中野で一緒にチラシ配りしたり、東中野グルメを食べ歩いたり、しょうもない話をしたり。どうしたらお客さんにたくさん観てもらえるか、アドバイスもたくさんくれました。劇場で毎日会う小原さんが、東中野にある映画館で観る『沈没家族』の魅力をたくさん引き出してくれました。

主題歌「A・I・A・O・U」を映画用に書き下ろしてくれたMONO NO AWARE

には、「ありがとう」の気持ちでいっぱいです。この曲はアルバム『かけがえのないもの』にも収録され、全国ツアーでも演奏されました。演奏前に映画のことをMCで話してくれるのも、なんかこそばゆいけどうれしかった。

配信されている主題歌「A・I・A・O・U」のシングル盤のジャケットは、僕の顔になっています。みなさんのスマホのなかに強制的に僕の写真が入るよ。ホントにいい曲なのでぜひ、聴いてみてね。

サイゼリヤでボーカルの周啓くんと話したところから、さまざまな形で映画と音楽がともに広がっていきました。周啓くん、成順くん、竹田さん、柳澤さんありがとう。周啓くんには、劇中歌もつくってもらいました。劇中でしか聴けない「えっさほいさおっかさん」「悪役の家族」を聴いたときの感動は忘れられません。

映画公開時は、映画へのコメントやトークゲストというかたちで、たくさんの方にご協力いただきました。職業も性別も生きてきた背景も全然ちがうみなさんに、映画について語ってもらいました。それぞれで観方も変わってきて、映画が生き物のようにうごめいていました。ありがとうございました。

全国各地で沈没家族を上映してくださった映画館、自主上映会を企画してくださった方々。映画を上映していただくことがどれだけ幸せなことか、映画を観ることが困難な時代にあらためて実感します。そしてなにより、映画を観てくれたお客さん。ありがとうございました。

『沈没家族 劇場版』は、まだまだ全国で自主上映会を開いてくれる方を募っています。ちっちゃい公民館からでかいホールまで、どんな場所でもウェルカムです。呼んでいただけたら、僕も夜行バスでふらっと参加しますよ！ 交流無限大です。みなさんの感想、たくさん聞きたいな。興味を持ってくれた方は、映画の公式ＨＰに要項が載ってますのでチェックしてみてね。

あ、あと八丈島にもぜひおじゃりやれ～（島の言葉で「いらっしゃいませ」）。温泉、焼酎、海があなたを待ってます！ のんびりしにきてね。

実は、映画を観たお客さんで、島まで穂子さんに会いに行った方が何人もいます！「八丈島ドロップス」のブログをチェックして、「よけごん」の開所してる日を狙うといいかも。開かれた、風通しのいい場所です。架空の人物ではなくて、たしかに穂子さんは島で生きてますよ。穂子さんがいま島でやっていること、とても大事なことだと思います。ぜひ一度体感しに来てください。

＊

最後に。

編集の柴山さん、映画上映後の参加型対話イベントにふらっと来てくれたところからここまで、ありがとうございました＆お疲れさまでした！　本という媒体で、沈没家族がどんなふうに読んだ人にキャッチしてもらえるか、いまから楽しみです。まだまだ旅は続きそうですね！

みんなば。亡くなってはじめて、もっと話したかったなと思いました。おかげさまで本なんか出しちゃったよ……。びっくりしてるかな。

名前をすべてあげることはできないけど、沈没家族で出会ったみなさん。再会できて、本当によかったです。これからも末永くよろしく。

山くん。どんどん体つきが似てきたね。お互い健康に過ごそう。でも、まだまだこれからも海岸でビールを一緒にあけたいな。

穂子さん。映画の撮影から本の執筆まで、忙しいところいろいろ話してくれてありがとう。コロナの時代でも相も変わらず、電話の向こう側から島の鶏たちの声が聞こえてくる感じが最高だったな。長生きしてくれ。

多くの人にこの本が読まれますよう。

二〇二〇年六月　　加納　土

本書は書きおろしです。

JASRAC 出 2005891 - 001

図版提供　おじゃりやれフィルム

沈没家族

出　演

加納穂子
ぺぺ長谷川
イノウエ
佐藤公彦
藤枝奈己絵
高橋ライチ
めぐ
たまご
うれP家のみなさん
沈没家族のみなさん
山村克嘉

協力　神長恒一
景山シャイン昭二
交流 Bar あかね
青柳拓
SPACE SHOWER MUSIC
武蔵大学
卒業制作版制作指導　永田浩三
劇場版構成　大澤一生
音楽　MONO NO AWARE
玉置周啓

主題歌　『A・I・A・O・U』
作詞・作曲 / 玉置周啓
編曲 /MONO NO AWARE
玉置周啓、加藤成順、竹田綾子、柳澤豊

挿入歌　『えっさほいさおっかさん』
作詞・作曲：玉置周啓
『悪役の家族』
作詞・作曲：玉置周啓

宣伝　contrail
宣伝美術　成瀬慧
中野香

配給　ノンデライコ

制作　おじゃりやれフィルム

監督・撮影・編集　加納土

Special Thanks
ＰＦＦ（ぴあフィルムフェスティバル）
京都国際学生映画祭
佐々木ののかさん
永田夏来さん
舟之川聖子さん

上映した映画館のスタッフのみなさん
ポレポレ東中野／第七藝術劇場／名古屋シネマテーク／チネ・ラヴィータ
シネマ・チュプキ・タバタ／上田映劇／ゆいロードシアター／
新潟・市民映画館シネ・ウインド／あつぎのえいがかん kiki ／出町座／
元町映画館／横川シネマ／シネマ尾道／シネマ・ジャック & ベティ／
下高井戸シネマ／ KBC シネマ／静岡シネ・ギャラリー／シネマイーラ／
別府ブルーバード劇場／ガーデンズシネマ／
川崎市アートセンター（KAWASAKI しんゆり映画祭）／
十三シアターセブン（よどがわダイバーシティ映画祭）

『沈没家族』卒業制作版・劇場版の自主上映会を
企画してくださった全国各地のみなさん

加納土（かのう・つち）

１９９４年、鎌倉生まれ。８歳までは沈没育ち、以降は八丈島育ち。現在は都内近郊に住む。２０１５年から卒業制作として『沈没家族』の撮影を開始、完成した作品は２０１７年のＰＦＦで審査員特別賞を受賞した。大学卒業後、「劇場版」公開。上映後必ず舞台挨拶に立ち、観客をギョッとさせる。本書が初めての著作になる。
Twitter ID: @Insight_KANO

沈没家族

沈《ちん》没《ぼつ》家《か》族《ぞく》
子育《こそだ》て、無限大《むげんだい》。
二〇二〇年八月二九日　初版第一刷発行

著者　加納土
発行者　喜入冬子
発行所　株式会社筑摩書房
東京都台東区蔵前二-五-三
〒一一一-八七五五
電話番号　〇三-五六八七-二六〇一（代表）
ブックデザイン　佐藤亜沙美（サトウサンカイ）
印刷・製本　凸版印刷株式会社

ISBN978-4-480-81853-9 C0095